秋山賢三著

裁判官はなぜ誤るのか

岩波新書

809

秋山賢三著

裁判官はなぜ誤るのか

岩波新書

809

はじめに

裁判官から弁護士へ

私は、二六歳から五〇歳まで、人生で一番元気の良い時期を裁判官として過ごして後、一九九一年に退官して弁護士を始めた。

裁判官と弁護士とは、法律というものを道具にする仕事であることと、一般市民が人間として生きていく上での非常に大切な部分に、しかもその人たちが最も難渋している局面で出会うということで共通している。しかし、当然のこととはいえ、従来の慣れた仕事から新しい仕事へと順応していくときは、何かと戸惑うことばかり多かった。

裁判官は、仕事のスタイルで言えばいわゆる「待ちの姿勢」で、当事者が持ってくる材料を「美味い」とか「まずい」と批判したり判断することに集中していればよかった。しかし、弁護士はそうはいかない。自らテクテク事件現場へ足を運ぶ律義さと、原材料を自分で分析して裁判所に持ち出し、裁判官を納得させる力量に自らの生活がかかるという厳しい仕事である。

法律家と市民の間

弁護士は良かれ悪しかれ、裁判官より一般市民の近くに位置し、彼らと直結した立場にある。事務所に訪ねてくる人は、とにかく人生でも一番大変なところでやってきている。例えば、会社の手形を不渡りにするしかないのだが、債権者がたくさん押し掛けてきて脅かされないか心配だ、と不渡りの数日前の晩に夜逃げの心配をしながらやって来る。子供が悪いことをして警察に逮捕された、どうしたらいいだろう、と親が青い顔をして相談に来る、という具合である。

裁判官は、最終的判断者として事件の決着をつける重要な立場にある。しかし、事件当事者に対しては、審理や審問の機会に質問できるだけであり、記録を読み法律に照らして思索し、公平に判決を書くというのが仕事である。よく分からない点、疑問に思う点については、それこそ「隔靴掻痒」の感があるが、直接本人に聞くわけにはいかず検察官や弁護人に間接的に説明を求めるしかない。このとき、一般市民の現実がよく分かっていないと誤解が生じ、それが誤判につながる恐れがある。

裁判官の「最後の逃げ場」は、検察官に立証責任がある、という建前である。すなわち刑事裁判では被告人が有罪であることの立証責任は検察官の側にあるのだから、「合理的な疑いを超える程度の証明」がなされていないと思えば、無罪判決をすれば足りることになっている。したがって、起訴事実について検察官が立証責任を尽くしているかどうかの認定をし、有罪ということになれば、適切な量刑を言い渡さなければならない。

それぞれに市民社会の中で与えられた役割があり、それらの役割が適切に機能することによって初めて健全な市民社会に奉仕できる。これが、日本における裁判官・弁護士と市民との間の「あるべき関係」なのである。

弁護士として冤罪事件に関わる

弁護士として、いつの間にか深入りしたのが冤罪《えんざい》事件である。私は、裁判官一二年目のときに徳島ラジオ商殺し事件という再審事件に関与したことがある。冨士茂子さんという女性の冤罪事件で、日本弁護士連合会(日弁連)が再審を支援した第一号事件でもある。また、一九九四(平成六)年八月、静岡地裁で再審請求が棄却された袴田事件(第四章で詳しく述べる)について、日弁連が弁護団を再編成する際に、弁護人就任を要請された。弁護士になってから日が浅く、事務所経営にも不安の多い状況であったが、断わり切れないままに引き受けて今日に至っている。さらに、弁護士登録してから五年後、日弁連人権擁護委員に指名され、同委員会の再審部会を通じて冤罪事件一般にも関心を持つようになった。以後、その種の事件の受任件数が少しずつ増えて現在に至っている。

刑事裁判においては、「十人の真犯人を逃すとも一人の無辜《むこ》を罰すなかれ」「疑わしいだけでは罰してはいけない」という法格言がある。「冤罪」は、およそあってはならないことで、刑事手続の全てが冤罪が生まれないように、そのために運営されていると言っても過言ではない。しかし、弁護人として出くわした事件を担当しているうちに、日本の裁判には「潜在的な冤罪」がかなりに多いのでは、との感慨を抱かされるようになった。

裁判官時代には、他の裁判官の仕事ぶりについてはあまり関心を持たなかった。自分の仕事に精一杯で余裕がなかったからとも言えるが、それぞれに独立していわば好き勝手にやっているので、「皆、自分と同じようにやっているのだろう」くらいに考えているからでもある。しかし、弁護人として法廷の壇の下から見るとき、一人ひとりの裁判官の物の考え方や訴訟の進め方にはそれぞれ個性や差異のあることが分かってくる。まず、担当裁判官が記録をどの程度に読んでくれているかは、法廷での訴訟指揮ぶりですぐに分かるが、それこそ千差万別である。

諸々の訴訟情報が見えてくると、表面的には自白のある有罪事件で済んでいる事件でも、真相は別にあって、ただ、被告人が我慢して認めているだけだという場合だってある。すなわち、真実は公訴事実とは違っているのだが、今の刑事裁判システムの下では、否認して無罪をかちとることが容易ではなく、弁護士費用のための経済的な理由もあって仕方なく認めているのに過ぎない場合があるのである。概して偶然に出会った国選弁護事件で、そのような事件があることに気付かされた。山登りの最中のときよりも、山を下りてから眺め直したとき、山の状況をさらに正確に把握できることもある。

裁判官としての経験を踏まえ、その上に弁護人としての経験を少しずつ重ね合わせていくうちに、日本の刑事司法の輪郭が以前より明確に把握できるようになってきた。日本の刑事司法の最大の問題点は、起訴事実について「合理的な疑いを超える程度の証明」を必要とする原則が守られてはおらず、それにより冤罪がしばしば生み出されていることであり、しかも自らの能力に自信のある「エリート裁判官」ほど冤罪を生む危険性が多くある、そのように思えてきたのである。

刑事司法と冤罪

冤罪問題の背景には、捜査をはじめ我が国の司法システム全体の構造的な問題が、厳然として存在する。また、警察官・検察官等の捜査機関や裁判官、弁護人のあり方など、国家機関や法律家の側に全般的に横たわっている問題とも深く関係している。これらはもちろん、一朝一夕に片づく性質の問題ではない。

一九九九年に発足した司法制度改革審議会は、二〇〇一年六月一二日に意見書を発表したが、刑事裁判における冤罪問題について深くは立ち入っていない。

しかし、冤罪問題は特に最近、これまで裁判とは何の関わりも持つことのなかった一般市民をも巻き込む形で、しかも次第に深刻化の様相を呈しつつある。例えば朝の通勤電車内で突然に痴漢犯人と間違われ、必死に否認しても聞いてもらえず、他に確たる証拠もないのに「一人の女性が言っている」というだけで起訴され、被告人として長期間の裁判を闘うことを余儀なくされるケースが続出している。しかも刑事訴訟法上の権利である保釈も許されないまま、いずれも長期間勾留され、誤った有罪判決、さらに実刑判決を受けたりする場合も増えている。

私は、裁判官や弁護士として実際に扱った事件や、日弁連人権擁護委員会で研究対象とした事件を素材として、日本における誤判・冤罪の原因を私なりに突き詰め、その対策について問題意識をまとめる必要性を痛感してきた。その検討作業を通じて、我が国の裁判所、裁判官のあり方や、特に私たち刑事弁護人のあり方についても考えを巡らすようになってきた。

刑事司法の構造

「裁判官はなぜ誤るのか」というタイトルは、あるいは「裁判官の誤り」だけを問題にするように受け取られるかもしれないが、そうではない。弁護活動の不十分さをも含め、およそ「裁判官による誤判」という形で冤罪を生み出す現代刑事司法の構造そのものに目を向けて考えてみたいわけである。そのために本書では、私が裁判官や弁護士として関わった事件の経験を含め、冤罪、そこにおける検察官・裁判官・弁護士のあり方、そしてこれらの接点に関係する事柄を取り上げてみたいと思う。

もともと、私は、さしたる能力に恵まれた者ではなく、裁判官としても至って平凡な経歴の者に過ぎない。また私は、裁判官として刑事事件を扱ったのは在官中の前半部分が主で、後半はむしろ民事裁判中心であった。しかし、当然のことながら、このようなテーマを取り上げる以上は、これまで裁判官、弁護士を生業《なりわい》として生きてきた私自身をも、論評のまな板に乗せることは覚悟の上である。要するに本書は、私のようなごく平凡な裁判官であった者が退官後、弁護人活動を十年やってみて痛感したことを、率直にそのままに綴ったものということになる。

刑事裁判の最大の使命は、冤罪を生まないことである。そのためには私は、法律家としての私自身のあり方や、私の過ごした期間の裁判所を振り返って、誤判・冤罪の原因を探り、その対策を真摯に考えたいと思う。それが私にとって最も自然にできる作業方法であり、また、現代司法の行く末に対し私なりの立場でなにがしかの貢献ができるように考えられるからである。

そこで本書では、最初に、読者が我が国の司法の実情について理解しやすいように、私が体験した裁判所、裁判官の成り立ち、その実像について触れることとする。その中で、私自身が体験した日本の裁判所の現実、裁判官の仕事ぶりや生活について、また、その中でも私を含む裁判官のあり方について振り返ってみることとしたい(第一章)。

次に、私が法曹への道を歩んだいきさつや実務家として体験してきた刑事事件、特に誤判・冤罪が問題となった事件について、具体的に振り返ってみたい(第二章)。そこでは、自らが裁判官として事実認定についてあれこれ考えたことを振り返ると共に、具体的な事件としては、

①すでに再審・無罪が確定している徳島ラジオ商殺し事件(第三章)

②すでに死刑判決が確定しているが、現在、再審請求中の袴田事件(第四章)

③一、二審で有罪判決が下され、最高裁へ上告した長崎事件を代表とする痴漢冤罪事件(第五章)

をテーマとして取り上げ、それぞれが孕んでいる問題点について考えてみたい。いずれの事件も、現在における市民と刑事裁判との関わり方を典型的に示唆していると考えられるからであ

る。

最後に、私自身が体験した裁判所のあり方をも含め、誤判・冤罪を生み出す戦後の我が国の刑事裁判における事実認定のあり方について問題点を探り、あわせて今後、我々がどのような刑事司法を構想するべきなのか、「冤罪を生まない裁判所」にするためにどのような展望を持てばよいのか、私なりのささやかな提言を試みたいと思う(第六章)。

目次

第一章　裁判所と裁判官の生活

1　裁判官と市民との間

最初に、私が裁判官から弁護士に転換した当時、私生活面をも含めて、私自身がどのような「違和感」や「落差」を痛感したのかということについて、思いつくままに振り返ってみることにしたい。我が国における裁判官と市民との距離や、相互の関係がよく計られると考えるからである。

「壇の高さ」

退官して最初に気が付いたことは、法廷で裁判官の座っている「壇」が高いなあーということである。同時に、被告人から裁判官までの距離も随分と遠いなあーということである。現実の法廷の風景も、裁判官席から見るのと弁護人として下から見上げるのとでは随分と違って見える。法廷は裁判官にとっては毎日の「慣れた仕事場」だが、初めてそこに呼ばれる者にとっては、不安と緊張の交錯する大変な修羅場である。そこでは、裁判官のちょっとした動作までが諸々の期待と不安のまなざしによって凝視されている。

「壇が高い」ということは、裁判官と被告人との距離が遠いこと、裁判官がとかく被告人を上から見下ろしがちで、下積みの人たちの立場に思いを致す生活者としての視点が希薄になりがちなことにもつながっている。当事者サイドから見れば、近寄りがたい存在として裁判官に隔絶感を抱いてしまう原因ともなる。最近、一部の民事法廷では「ラウンドテーブル方式」の法廷が現れており、裁判官が当事者や代理人と同じ目線の高さで接する法廷も出てきているから、今後は、その方向が主流になっていくのかもしれない。

しかし、刑事法廷ではとにかく、この「壇の高さ」が厳然としてあり、裁判官と被告人とは完全に隔絶した者として存在すべく予定されている。現実的にも、裁判官と被告人とは、「裁く者」と「裁かれる者」として前提された異人種であり、対等な人間として設定されてはいない。

現実の法廷では、裁判官は、被告人の言うことを理解するのが実際には容易ではないし、よく分かってはいないことも多い。まず、裁判官にとって、被告人の真の姿を理解するための材料があまりにも少ない。被告人の人間としての生活史は、もとより裁判官とは全然違うし、およそ理解し合える共通点がふんだんにあるわけではない。また、被告人の供述調書には、概して被告人の数々の悪い性格や悪い情状についてはたくさん書かれるけれども、被告人の人間的な部分や真の悩みの部分についてはあまり書かれてはいない。であるから、裁判官に対して被告人を人間的に理解しようとする姿勢を求めることが、そもそも困難なのかもしれない。

被告人を洞察する「目」

しかし、この生活と意識それ自体が隔絶したままの「裁判官対被告人」の関係の中で、裁判官によって被告人に対する「判断」「評価」が行われていることは、実は非常に重要な意味を含んでいる。すなわち当該事件が、被告人がすでに有罪を認めていて量刑だけ決めればよい場合ならまだしも、もし被告人が無実を主張しているとき、この「隔絶した相互に理解しがたい人間関係」を前提とする限り、その裁判が果たしてどのような結果を生むのか、ということが問題となるのである。すなわち、そのとき、被告人が述べることやその行動の意味や、無罪主張の趣旨がそもそも裁判官によって正しく理解され、取り上げられるかどうかが最初に大きな問題となる。

自白している事件と無罪主張の事件とを区別せずに、いずれも正式審理にかけている我が国では、「無罪の推定」原則(起訴事実が「合理的な疑いを超える程度に証明」されるまでは無罪を前提とする裁判上の原則）が理想どおりには機能しがたい。有罪判決ばかりを言い渡すことに慣れている日本の裁判官は、法廷に入る最初から何となく被告人に対して有罪の予測を抱きがちになる。あとで述べるように、審理している被告人の九九・九パーセントが有罪になるわけであるから、そうなるのはある意味では無理もないのかもしれない。正直に告白すれば、私も刑事裁判官をしていたときは、何となくそのようであったと思う。

犯罪を現に犯した者も、また、犯罪を犯した旨疑われたに過ぎない者も、それぞれにそのことに至る経緯とそれを支えた実生活がある。したがって、彼らに対して判決を言い渡す裁判官は、単純に被告人を切り捨てる「目」だけではなく、被告人という人間の真の姿を正確に把握しようとする「目」と「視点」とを持たなければ、正しい裁判ができないことがある。「被告人の声が裁判官に届かない」ということは、被告人が裁判官によって誤解されたまま判決が言い渡されることを意味するからである。

「世の中の動き」と裁判官

キャリア裁判官は、刑事事件であれ民事事件であれ、法律理論と実務上の判例を知ってはいても、実生活の中で現実に動いている「生活実務」を肌で知っているわけではない。世の中で食べていくために、それこそ必死で喘いでいる人たちの実相に格別に詳しいわけでもない。

刑事事件において、日本の多くの裁判官には、自分自身で、勾留されている被疑者・被告人と留置場で面会したり、差し入れをしたりした経験を持つ者は少ない。嘘の自白調書を取られた被疑者・被告人が、どんなに自白調書に署名指印《ゆびいん》したことを後で悔しがっているか、直接に聞いた経験を持ってはいないと思う。民事事件では、不動産仮差押さえ事件の申請をするために、自ら法務局を訪れて登記簿謄本を取ったり、それに見合う土地の公図などを探し出したり、あるいは賃料を供託したり、ひいては町の金融業者と交渉したりした経験があるわけではない。

いわば、現実の「取引実務」の動きや被疑者・被告人の置かれている姿そのものを、自らは検証したことがないままに審理し、判決を書いている。これが「キャリアシステム司法」で働く多くの裁判官の現実である。

もちろん、我が国の裁判官は、論理的な解明力に優れている人たちが多く、その力量によってほとんどの事柄をカバーしているわけであるが、それにも限界がある。私自身は、社会的経験が不足していて、とにかくよく分からないことが多く、自分の頭で十分に理解できないことに出会っては難渋し、途方に暮れることが日常的にあった。

「保護」された生活

弁護士になった直後の頃に特に痛感させられたのは、どうしても自分の他人に対する「態度がデカイ」、「横柄」である、ということであった。このことは自分の依頼者から面と向かって指摘されたこともあったし、相手方が不愉快な態度を示したことから、後で自ら反省させられたこともある。法務局に行ったり、裁判所に行ったりした際に、事務官や書記官と対応することとなるが、知らず知らず「待ちの姿勢」になってしまい、そのことが相手に対して「横柄」なように誤解されることも時々あった。他人が「何とかしてくれるのを待つ」という裁判官的な対応姿勢が抜けないわけである。

弁護士として一つ一つ身についた、自分が進んで何もかもやってしまうような姿勢、そして他人のことを気遣って先に挨拶をしたり、ことさらに相手方の下手に出たり、他人の機嫌を取ったりするような、社会人なら誰でもがごく普通に自然とやっていることが、簡単にはできないのである。それでも一〇年くらい経過し、「人間社会の苦労」というものが少しずつ身にしみてきたせいか、最近では少しはそれなりの対応ができるようになってきたと言える。それは弁護士としての「商人性」が進んだだけなのかもしれないが、そもそも裁判官時代には、そのようなことはおよそ考えずに済んだことである。

市民としての生活、友人との付き合い、生活の幅

在野で生きる年数が経過してみると、裁判官時代は友人たちも何となく遠慮気味に付き合ってくれていたことが段々と判明してくる。また、弁護士になった以上、こちらの心構えも違ってくる。高校や大学の同窓会の友人たちというものは、まず立派な信頼のおける「顧客予備軍」の意味を持ち、現に彼ら自身の市民としての法律問題の相談に乗って具体的に解決することにもなっている。

我が国では、裁判官は概して転勤人生であり、その多くは裁判所の官舎や公務員宿舎に固まって居住している。付き合いの範囲も職場中心で、近隣の市民と親しく接する関係になることは稀である。現実には仕事に追われ、広い世界と付き合う時間的な余裕がないからでもある。また、裁判官が気軽に赴任先の市内で開催される講演会や市民の集会に参加してみるということも、やってやれないことではないが、とかく自己規制しがちである。市民が展開している署名運動への協力や、市民としての当然の発言や活動も、差し控えることになる。一九九九年、「市民に開かれた司法」を目指し、国民各層から期待されている司法機能の強化を目的として、現職の裁判官によって結成された「日本裁判官ネットワーク」(詳細は後に触れる)の編になる

『裁判官は訴える』(講談社、一九九九年)の中で、「野鳥の会」に参加するかどうかを随分と悩んだらしい裁判官の例が報告されているが、実際、裁判官が常にそのレベルの悩みを一つ一つ背負いながら生活していることは間違いない。

特に、裁判官時代に痛感したのは、海外旅行の機会が実質的に制限されざるを得なかったことである。今日の裁判所の現状の中で、年末年始のような場合を除いた通常の業務期間内に、一〇日間以上の海外旅行の日程を組むことは容易ではない。通常、裁判所では刑事の令状当番とか民事の保全処分などのような緊急事件処理のための当番表が作成されているが、その中で長期間の自己都合休暇を取ることは、他の裁判官に迷惑がかかるために裁判官の誰もが遠慮がちで、現実にはなかなかできない。そのことがひいては日本の裁判官にとって、例えば「国際人権法」の分野に対する理解の狭さと遅れとを生む土壌にもなっているように思う。

裁判官には、自らの見識を深め人格を陶冶できるための広いグランドが必要であると考えられるが、現実には隘路が種々あって難しい。裁判所が「真の人物」を育て上げられる機構に変わることができるのか、これこそが二一世紀の課題であろう。

欲を言えば、独立した裁判官を期待するためには、せめて家庭の基本部分(持ち家、子育て)を完了し、「人間としての独立」を果たしてから任官するのが理想であろう。人間として独立して初めて、職権の独立を確保できる裁判官になり得ると考えられるからである。

2　裁判官の選任・養成システムと仕事

二〇歳代で任官

我が国では、司法試験に合格し、司法研修所での二年間(現在は「一年半」)の司法修習を経た者の中から、最高裁が「適任」と認めた者が判事補に任官できる。希望すれば誰でもなれるというわけではない。現実には、成績や人格などの「全体的評価」の名の下に最高裁によって選別され、採用の可否が決められている。希望者が多いときは、司法研修所は「任官して欲しい人」と「そうでもない人」とを選り分け、後者に対しては担任教官が「肩たたき」などをして、任官希望を撤回させることもあるようである。これまで公になっただけでも、何人もの司法修習生が「任官拒否」されているが、現在まで最高裁は「拒否理由」を明らかにしてはいない。成績不良の者が「肩たたき」に抗してあえて任官を希望すると考えるのは現実的ではない。問題化しているケースは成績以外の何からの理由によるものではないかと考えるのが常識的である。一般的には、その者が抱いている思想や行動が、最高裁が組織体として許容し得る範囲の「枠」からはみ出ているため、と理解するのが大方のようである。柔軟な思考と多様性が尊重されるべき司法官の出発点から「枠付け」がなされるには、合理的な理由が必要である。不採用者に対しては、その理由を開示すべきであろう。

我が国の新任判事補は、概して二五歳前後の者で占められ、実社会での在職経験のある者は稀である。ということは、通常、著名大学にストレートで合格し、在学中に司法試験に合格した青年が判事補の主要部分を占めることになる。ペーパーテストにおける「優秀性」ということに関する限り、我が国の裁判官が優れていることについては大方の異論はあるまい。問題は、「優れた裁判官」の資質として「ペーパー的優秀性」だけで十分なのか、という点にある。

そもそも、「二五歳前後の任官」ということが何を意味するのか、考えてみよう。法学部の講義が本格的に開始されるのは大学三年生になってからであるから、普通の大学のカリキュラムに合わせて勉強していたのでは、四年生で司法試験に合格することはまず無理である。すなわち、一、二年の頃からすでに本格的な法律の勉強に入っていることになる。もちろん、早く合格する人たちが「優秀」であることは間違いないのであろうが、大学に入るために高校生時代からかなりの受験勉強を強いられていることを考慮すると、体育会系活動をも含めたクラブ活動など、ごく普通の大学生としての体験や「人間的解放」の時期をどのように過ごしているのかが問われることになる。優れた裁判官たり得るためには、ペーパー的優秀さとは別個に、社会性や人間的洞察力、そして弱い者に対する配慮などの人間的な資質が要求されることが多いからである。

司法制度改革審議会においても、ペーパーテストの点数で選別された若い青年を純粋培養し、彼らのみを判事任用の基本的な基盤とするキャリアシステムの弊害については、かなりの議論がなされている。判事の任用は、弁護士などの裁判官以外の実務家経験を少なくとも一〇年以上有している者の中から「優れた人物」を任用すべきである、とする「法曹一元論」が根強く説かれる下地がここにある。

合議体における訓練・養成——N裁判長のこと

判事補に任官した者はそれぞれの初任地に散るが、当初の二年間は大都市に配置され、その後は原則として三年くらいをめどに、各地の地裁や家裁を転勤・異動している。

私が任官した当時は、第一線の裁判長の多くは明治生まれで、軍人歴があったり、とにかく個性的な人が多かった。初任地で最初に配属されたのは、刑事部のNという明治生まれの裁判長だったが、何事にも一家言を有し、地裁裁判官会議や最高裁主催の全国裁判官会同などでは必ず一言ある「名物裁判長」と言われていた。一人の職人としての独立意識を持ち、教わるところの多い裁判官だった。当時は、「過激派事件」と称する一連の公安事件で「荒れる法廷」が毎日のようにあり、刑事部裁判官の悩みの種であったが、N裁判長は「法廷は被告人との対話の場所」との基本的な考え方を変えず、安易に退廷命令などの強権的措置で切り抜けようとはしなかった。また、庁舎管理規程に基づく地裁所長の権限と、法廷警察権に基づく裁判長の権限との関係が微妙なケースもあったが、法廷内のことや裁判に関係する事項は、一切、裁判長の権限であるとして、当局の干渉を突っぱねていた。大正デモクラシー下で育った人らしい硬骨漢ぶりであったと言えよう。N裁判長は、特に若い判事補との交流が好きで、ご自身は酒はあまり飲まれないのに、何人もの判事補を自宅に呼び、我々にはよく酒を振る舞ってくれた。

従来、判事補として任官した者に対する任官後の教育・訓練は、司法研修所が主宰する研修などの他は、基本的には裁判所内の合議体における先輩裁判官からの、後輩裁判官に対する実務的訓練にゆだねられていた。すなわち、裁判技術上の訓練とは、先輩裁判官に判決起案を添削されながら実務能力を磨き、裁判官としての生き方や出処進退についても人間的な感化を受けて成長していく、というものであった。確かに、日本の裁判官が伝統として保有している廉潔性、勤勉性、均質性については、それなりに誇るべきものがあると考えられる。しかし、負わされた重大な職責との関係で、また、急激に変化する時代的傾向の中で、同一組織体の先輩・後輩の関係を通じた研鑽だけというのでは、もはや時代遅れであり、若い裁判官がどのように実社会や市民の息吹を吸収しつつ成長できるのかが焦眉の課題となっている。

実技体験なき判定者

およそ勝負事は、通常、三つの要素から成り立っている。①選手(プレイヤー)、②ルール、そして③審判(レフェリー)の存在、である。プレイヤーがきちんとルールを守りつつ闘い、その上で勝敗を決定するためには、レフェリーの存在が必須不可欠となる。

通常、有能なレフェリーたり得るには、ルールに精通していることと、そのスポーツの実技に長《た》けていることが要件とされている。実技に長けていなければ、ラグビーであれサッカーであれ、反則の有無を的確に判定することはできない。二〇〇二年のサッカー・ワールドカップでも審判の技術・巧拙が随分と勝敗に影響したと、物議をかもしたことは記憶に新しい。

「実技体験」なくして堂々とレフェリー役を務めているものに相撲の行司があるが、この場合も「物言い」(審判員による行司判定に対する異議申立て)があれば、審判員の合議による判定に委ねられ、最終的判定権は「実技体験者」の方に留保されていると言える。

しかし、我が国の裁判官には、弁護人として、被疑者・被告人と金網越しに面会した経験もなく、また、法廷で検察官や裁判官と対峙した経験もない。要するに当事者としての体験がないという点に特色がある。そしてまた、法律解釈についてはともかく、事実認定それ自体については、裁判官が「専門家」というわけではないことは広く承認されている。

刑事裁判においては、現実に「嘘の自白」をさせられた人の訴えというものを、自ら被疑者・被告人と接見して親身に聞くという体験が裁判官には絶対に不可欠である。しかし、我が国の裁判官は、そのような接見経験に乏しい上に、供述調書を読んで心証を形成することに慣れているために、自白を録取した供述調書が「理路整然と」「迫真的に」書かれているとして、被告人がした公判の供述よりも供述調書の方を信用してしまい、そのために事実認定を誤ることがある。被告人と実際に面会してみると、検察官や警察官が調書に記載している事柄がいかに真実とはかけ離れ、その内容が被告人の知的水準ともかけ離れているか、などがよく分かるものである。被告人が調書に書いてあるようなことを実際にしゃべれる能力を有しているかどうかは、被告人と話してみれば実によく分かる。供述調書というものは、この現に存在するギャップを見事にカムフラージュする役割を果たすことがある。

このような原初的な体験を持たない者に、刑事裁判官として事実認定や証拠の採否を全て担当させるというシステムは、その洞察力の不足のゆえに、場合によっては恐るべきシステムと化する危険性がある。被告人や被疑者の実像や、調書が作成される過程というものを体験的に把握していない裁判官は、誤判を犯すことになりやすいのである。

陪審制度を採用している国では無罪率が高く、「疑わしきは罰せず」とのテーゼが貫徹しやすいと言われているが、陪審員は市民としての体験から、官僚機構に永くいる者よりは相対的に市民感情というものをよく理解できるからであろう。二〇〇〇年五月、アメリカ・オレゴン州控訴審のチーフジャッジの方と話したことがあるが、「裁判官を長くやっていると、警察官のつく嘘が見抜けなくなる」と述懐していたし、別の機会に面談した同州の何人かの若手人権派弁護士たちも同様に、「陪審員のほうが警察官のつく嘘を見破れる」と述べていたのが印象的であった。

転勤の日々

裁判官に対して強い影響力を及ぼしているのは、任地などを含めた具体的な処遇である。裁判官も人間であるから、自らの処遇は当然として、親の扶養の問題、子供の問題、特に教育の問題、持ち家の問題など、さまざまな問題を背負っている。どこの「任地」を指定されるかによっては、親の介護の問題が退官を考えるきっかけになるなど、深刻な問題に発展する場合もある。

判事補を勤めて一〇年経過した後にようやく判事となるわけであるが、判事任官後は、概して多くの者は、地・家裁判事、支部長、高裁勤務などを経たりしつつ、二〇年前後で地家裁部総括裁判官となり、裁判所上層部に連なることになる。それ以後の所長、長官などのトップ管理者への登用は、それまでの裁判実績の他、「管理能力」中心に決定されていると言われている。以後、六五歳定年まで、在学中合格の者であれば、実に約四〇年間の裁判官生活を裁判所という組織機構の中で過ごすことになる。この間、転勤が頻繁に行われ、定年まで官舎住まいで過ごす者も少なくない。

在官中、友人裁判官から来た年賀状に書かれた一つの川柳がある。

一枚の辞令で走る犬の主　　読み人知らず

妻と二人きり、幼い子供の手を引いて、日本の北から南へ、南から北へと渡り歩いて行く。裁判官とはまさに「現代の防人《さきもり》」である。

裁判官の職務分担と再任

裁判官の仕事は、大きく分けて民事、刑事、家事、少年に区分される。民事裁判の中でも、一般通常訴訟事件の他に特許事件、労働事件、会社訴訟などがあり、また、本案訴訟以前の仮処分や仮差押さえ申請事件などの保全処分のような事件もあり、はなはだ多種多様である。それぞれの裁判官は、所属の裁判所で年度の当初に決められる事務分配に従い、担当する仕事の範囲と分量が決定される仕組みになっている。

裁判官と平均的なサラリーマンとの違いを端的に言えば、裁判所内部の事務分配により定められた仕事の外形的な分量（担当事務）を独立して遂行すること、仕事をどの程度に、どのように遂行するかは当該裁判官か合議体に任されていることである。「自分の仕事」である以上、誰かに助けてくれることを期待できない代わりに、定められた範囲の仕事さえきちんと処理していれば、裁判所内部では誰からも文句を言われることはない。

裁判官にとって最も負担になっている判決書きは多くの場合、自宅で起案されている。ただ、判決言渡し期日までにきちんと判決を作成して言い渡すということは意外と大変なことであって、裁判官の多くは判決書きに追われているのが現実である。「どこで仕事をしてもよいから、きちんと納期までには完成品を下さいよ」と頼まれた職人と同じである。

裁判官の仕事のシステムの基本的単位は「民事第一部」とか「刑事第二部」と呼ばれているように「部」であり、裁判官はそれぞれの部に所属し、部に配塡される事件をその部の事務分配によって担当する。

判事補に任官した当初は、所属する部の合議事件の左陪席として、多くの場合は事件の主任（専任）裁判官として判決書作成の技術修得をすることが職務の基本的な眼目となる。作成した起案に、合議の上で先輩の右陪席裁判官、裁判長が手を入れて判決が言い渡されることになる。

判事補任官後五年が経過すると、職権特例判事補（一九四八年、判事の数が少ないために応急的に制度化され、恒久化されて今日に至っている）となり、職分上は判事と同格になって、単独で審理・判決できるようになる。いよいよ本格的に仕事に追われ始めるのはこの頃からである。

再任拒否と全国裁判官懇話会

任官後一〇年経過すると、普通は再任されて判事に任官することになる。従来、さしたる関心も払われていなかった「再任制度」が注目を集めるようになったのは、一九七一年三月のことである。最高裁が「不適格者」と認めさえすれば直ちにその者を排除できるシステムとしてこの再任制度が具体的に機能し、一人の判事補の再任が拒否されたとき、全国の相当数の裁判官が一斉に抗議行動に立ち上がった。これが熊本地裁の宮本康昭判事補再任拒否事件である。

この最高裁の措置に対して、全国から二〇〇名以上の現職裁判官が自主的に都内に参集し、「裁判官の身分保障のあり方」について裁判官同士が討論を始めた。日本の裁判所の歴史上かつてなかったことである。このとき始まった全国裁判官懇話会は、その後平均一・五年に一度の頻度で開催され、広く裁判官、裁判のあり方について、司法権の独立、裁判官の身分保障、裁判官の養成、裁判の適正・迅速、司法判断の限界、司法の使命などのテーマを取り上げつつ深め、その後はさらに、民事、刑事、家事・少年の家裁実務など、広く裁判官が当面している実務のあり方を追求する実務研究集会的側面を強めながら、継続されている。

いずれにせよ、判事再任制度とは、一定年数の弁護士経験を有する者の中から裁判官を採用し、一〇年間その職を担当してもらうという、アメリカなどにおいて採用されている「法曹一元制度」が定着した中で制度化されたものである。これを単純に機械的に日本に適用しても、悪しき「人事統制の手段」となる以上を期待できないことの一例がこの事件であった。もし、適用するならば、その場合に絶対に必要なのは、再任を拒否する場合の「本人に対する理由の明示」と、具体的な救済手段の整備である。

宮本氏については、結局、再任拒否をくつがえすことはできず、彼は簡裁判事としての任期が経過した後、弁護士の道を選んだ。再任制度の運用については、最高裁は、その後も当時の建前と姿勢を崩すことはしてはいないが、それ以来実際には、再任拒否は行われてはいない。

常時三〇〇件を担当——忙しすぎる裁判官

我が国の司法は、諸外国に比して、裁判官、検察官、弁護士の国民に対する割合が不足している。例えば、この三者を合わせた法曹一人当たりの国民の数は、アメリカが二九三人、イギリスが六七九人、ドイツが七六三人、フランスが一六一〇人であるのに比し、日本は実に五九八六人である(一九九六年統計)。また、現在における我が国の裁判官の予算定員数は二九四九人(このうち簡裁判事が八〇六人)であるが、裁判所構成法ができた一八九〇(明治二三)年当時ですら裁判官は約一五〇〇人はいた。一〇〇年以上たっても裁判官の数は一向に増えてはおらず、日本の法廷は、少数精鋭の裁判官により担われている。

大都市の裁判官は、民事事件を常時一人あたり平均二五〇〜三〇〇件くらいは担当している。この「三〇〇件を担当」という場合、毎月二〇〜二五件くらいの新しい事件(新受事件)があることが考慮に入れられる必要がある。この新受事件に見合う毎月二〇〜二五件くらいの既済事件をその月に処理して初めて「担当三〇〇件」が維持されるわけであり、もし既済が一〇件しかないと、直ちに「担当三一〇件」に増えることになる。刑事、家裁事件についても、扱う事件の種類は違うが、裁判官全体の負担を公平にする観点から、ほぼ同質・同量の担当職務になるように運用されている筈である。このことが、現実には裁判官に対してどのような仕事ぶりを強い、どのような生活を強要することになるのか。

三〇〇件の手持ち件数を担当する場合、係属中の一つの事件につき最低一ヵ月に一回くらいは期日指定をして動かしていくとする。さもなければ、弁護士や当事者の原告から直接に文句が来ることもないではない。通常、一人の裁判官は一週間に三日、法廷を開くことができるのが慣例であるから、一ヵ月に約一二日開廷できることになる。そうすると、一開廷日に二五件ずつ事件を回していかなければならないことになり、開廷日の前日には、この二五件ずつの記録読みと手控えの確認作業が必要となる。もし、準備が十分でないと、法廷で弁護士に罵られることも覚悟しなければならない。双方に代理人弁護士が就いているとすると、裁判官は、一日に実に五〇人の弁護士と会い、何らかの討論をしたり、話をつけたりしていることになる。通常、裁判所は月曜日が開廷日であることが多いから、その前の土曜日や日曜日にも、この「二五件ずつの記録読みと手控えの確認作業」が不可欠となる。これが激務であることは、まず間違いのないところであろう。

日本の裁判官は、偏差値的な意味で言えばたしかに優れた人が多い。また具体的な事件処理についても、実際に頭が下がるような、神々しいまでに緻密に、そして誠実に、優れた判決を書いている裁判官が何人も存在することもよく知られている。このような裁判官たちが、もっと伸び伸びと思う存分に働けるような体制があれば、そしてもう少し、自由な思索に時間をさけるような余裕というものが与えられたら、日本の裁判所はもっと明るく充実したものになるのに、と残念に思うのは私だけではないだろう。

加重な負担と勤務評定

大都市以外の地方の裁判所本庁や支部では、裁判官の絶対数が少ないために、一人の裁判官が多種多様の事件を掛け持ちで担当し決裁に追われている。一人の裁判官を何人もの書記官が追いかけて決裁印をもらっている。

裁判官の日々は、記録読みと判決書きに明け暮れている。丹念に事件を処理するタイプの裁判官が、時折、事件を渋滞させることがあるが、一見テキパキと迅速に処理している裁判官が、必ずしも絶対的に良い裁判をしているとは限らないことは、高裁に勤務してみて一審裁判官の書いた判決を読むとよく分かる。

「迅速に事件を解決する」ということは、単に目先の事件をテキパキと片づけることを意味しているのではない。当該事件ごとに、上訴審の審理期間も含めてトータルに「紛争が解決」し、落着した期間を考えて判断しなければ、裁判官のした仕事の「質」を正確に評価することはできない。

毎月毎月の新件の受理、既済事件との比較で、当該係り、当該部の「赤字」か「黒字」かが決まる。この場合、判定材料として用いられているのが、毎月の「事件処理表」である。各部ごとに、各係りごとに毎月の新受件数と既済件数を表示し、その月ごとの「赤字」「黒字」が明らかとなる。この表により、それぞれの働きぶり(怠けぶり)が一目瞭然となる。順調な仕事ぶりが現れている部と、たまり気味な部とが対照できるわけである。

赤字続きで「事件を停滞させる」ことになると、その裁判官の部内での評価が下落したりする。表面上はともかく、裁判官の中で、自分の部や単独係りの「事件処理表」の数字を気にしていない人はいない。なぜなら、事件処理表に記載された処理件数イコール実務能力、という見方が定着しているからである。どこの世界でも同じだろうが、自分の能力が当局からどのように評価されているか、あるいは評価されそうか、ということについて無関心な裁判官はいない。そうなると、能力のある者もそうではない者も、それなりに無理をしてまで、処理件数を引き上げにかかることはごく自然のならいである。

勤務評定の内容は、①事件処理能力(数と中身の両面にわたる)、②職員に対する指導・管理能力、③組織の中での協調性等の人間的資質・教養、の三点において行われると言われている。どこの会社でも官庁でも、組織内部における人物の適正な評価は当然になされているであろうが、裁判所の目的からすれば、「誰が」「どのような観点から」「何を材料として」行うのか、ということは問題とされてしかるべきであろう。この場合、単なるヒエラルヒーの上部からの勤務評定だけではなく、裁判を受ける側からの勤務評定、当該裁判官の指導下にいる職員の側からの勤務評定をも参酌すべきであろう。しかし、現実には、「事件処理表」に基づく数字(件数)主義が支配していると思われる。

審理の形骸化傾向

与えられた職場条件は変えようがないから、裁判官が「処理件数」を引き上げるためには、ひたすら「過重労働」を積み重ねる路線か、あるいは「手抜き」「省力化」路線しかない。

刑事裁判においては、形式的な審理で済ませたり、即決裁判、調書判決(上訴がないときは、書記官に主文、罪となる事実、適用罰条を公判調書の末尾に記載させて判決書の代用とすることができる)を活用したりして、要するにできるだけ手間暇を軽減しようと図ることになる。弁護人がした証人申請についても、できるだけ省略して少なくしか採用せず、短時間に審理が終わるように計らうことになる。裁判官は常日頃、有罪判決ばかり書いているわけだし、有罪判決の方が書きやすくなってしまうこともないとは言えない。

このようなことが常態化しているために、「無罪の推定」原則とか「適正手続の保障」という国民との関係できわめて重要な大原則がどこかに忘れられがちになる。

しかし、このような事態について、裁判官自身が、例えば裁判官会議の場で「人員が足りない」などと執務環境上の問題として発言したり、行政的な問題として提起するようなことは現実にはまず起きることはない。裁判官はひたすら黙って、とにかく働くことしかしない。なぜなら、「他の者は黙って事件数をこなしているのに、お前だけがそう言うのなら、それはお前の「能力」が足りないからだ」という主張に太刀打ちできないからである。したがって、「少数精鋭」という言葉にエリート意識をくすぐられて、脇目も振らずに馬車馬のように頑張ることになる。日曜、祭日も「仕事、仕事」となる。

従来、裁判の運営は、「一に適正」「二に迅速」と言われてきた。しかし、「適正」ということは、管理者にとって簡単に判断できることではない。だが、「迅速」にやっているかどうかだけなら事件処理表などの統計資料からすぐに判明する。もちろん、「遅い審理は審理の拒否」であり、判決を書かない（書けない）裁判官がいることも否定できないようだが、「迅速」自体が自己目的化してしまった場合、事件当事者の納得や当該事件の特殊性を踏まえた「きちんとした事件処理」というものが視野の外になってしまう可能性がある。このような場合、とかく担当裁判官が職権的・権力的に事柄を運ぼうとする傾向が顕著に出やすくなる。法廷で弁護士や書記官を怒鳴りつけたりして、いささか「小暴君化」している裁判官をたまに見かけるが、その原因も根源は同じである。

以上をまとめると、裁判官の忙しさは、刑事裁判においては、要するに事件について深く考えて検討するというのではなく、ごく表面的にのみ対応し、「一件落着」だけを考え、弁護人の主張に対してもまともに判断を示さないような傾向、「審理の形骸化傾向」をよりいっそう深めていくように思われる。

マニュアル主義

全体に現在の裁判所には基準作り、マニュアル重視の傾向がはなはだ顕著になっている。これは民事、刑事、家事、少年の担当分野のいかんを問わず、裁判所全体の傾向のようである。

しかし、裁判というものは具体的妥当性が第一の筈であり、それは、事件を個別的に担当する裁判官の判断に左右されるものである。もとより、行政的な分野をはじめ、マニュアルが必要な分野のあることを否定するつもりは毛頭ないが、何もかも先例中心のような言い方をする裁判官がいることは問題であろう。例えば、最近、保釈請求を却下する理由として、「当庁では、この段階では保釈しないことにしているので」と述べた裁判官がいた。「自分自身の考えはどうなんだ」と、つい聞きたくなる。「自分は、これこれこういう理由で保釈できません」と言えば足りることである。

裁判官の仕事は、具体的な事件を前にして自分なりに徹底して悩み、よく考えて一定の結論を出していくものであり、その過程において初めて裁判官としてのやり甲斐もあり、喜びもあるわけであろう。ところが、裁判官にこの「悩み」というものが感じられなくなってしまったら、いったい裁判所はどういうことになるのだろうか。こんな事件はこんな程度のものだ、というようなマニュアルに従った割り切り方で処理されているのでは、たまったものではない。

つい最近、ある裁判所で、前科・前歴のない一部上場企業の会社員が大麻取締法違反で起訴された事案について、弁護人として第一回公判期日前の保釈請求をしたことがある。保釈担当の裁判官は、前科・前歴も何一つなく、起訴事実を全て自白し、認めている被告人であるのに、保釈面接後直ちに「常習として長期三年以上の犯罪を犯した」との刑事訴訟法八九条三号に該当すると称して簡単に保釈請求を却下してしまった。前後のやり取りの中で、その裁判官が関係記録を読みもしないで、検察官が書いたたった一枚の求意見書《きゅういけんしょ》の記載を見て、その記載だけを頼りに保釈請求却下の裁判(決定)をしたことは明白であった。まったく予想外の事態にあわててしまって、その二日後に直ちに再度の請求をしたところ、今度は記録をきちんと読んでくれた別の裁判官が、検察官の意見を改めて聴取した上、保釈請求を許可した。前の裁判官の態度やその決定は、それこそ「裁判の荒廃」の具体的な事例だと思う。

「働き蟻」裁判官の今後

ここまで述べてきたことからして、我が国の裁判官を取り巻いている環境がきわめて厳しいことが明らかになったと思う。

事件増に伴う過重な負担を抱え、厳しい勤務評定にさらされ、さらに全国あちこちと転勤しなければならない。しかもこのごろは、弁護士をはじめとする在野の「目」も厳しいし、一般市民も次第に裁判所、裁判官の内情に精通して来つつある。このような中でなお、裁判官たちは、司法に対する権威と市民からの信頼を維持していかなければならないのである。

私は、現在の裁判官を取り巻く客観的状況の劣悪さを考えれば、日本の裁判官たちはむしろ「実によく頑張っている」と評価すべき側面が多いと考えたい。①廉潔性、②仕事第一の勤勉性、などの美徳は、我が国の司法が戦前から受け継いでいる遺産だが、いまだに基本的には強固に残っているように考えている。では、このような中で、今後、日本の裁判官はどこへ行こうとするのだろうか。

3 「生活者」としての裁判官

「仕事」に支配される家庭

裁判官の家庭のあり方は、裁判官の仕事が日常的に記録読みや判決書きを家庭に持ち込むシステムであることによって規定されている。裁判官の勤務体制は午前一〇時の開廷時間に間に合うように登庁し、午後五時頃の職員の退庁時間の前後に帰宅するのが通例である。勤務時間内には法廷事務をこなし、和解勧告をしたりしているうちに、あっという間に夕方が来る。仕事の最重要部分を占める判決起案は、自宅に記録を持って帰り、夜、家族が寝静まってから深夜にかけて書くのが当り前になっている。大きな事件の場合は、週日に宅調(裁判官が裁判所に登庁することなく、自宅で判決書き等の業務を遂行すること)して、自宅で判決起案に励むこともよくある。

二〇〇一年二月、福岡高裁判事の妻が、自分と電話交際していた男性の親しい交際相手の女性に対してストーカー行為をしたことが広く報道され、本人については、脅迫罪、威力業務妨害罪等により有罪判決が言い渡された。その間に、福岡地検の幹部検察官が捜査情報を判事に対して漏洩したことから、ついには、当該検事の辞任、福岡高裁長官をはじめとする裁判所幹部の裁判官分限法に基づく処分問題にまで事柄は発展した。

この事件の背景には、我が国司法の現状に起因するいくつかの重要な問題が伏在している。例えば、質量共に過重な事件の処理に追われ、家族との対話すらままならない裁判官の実情、裁判官とその家族の私生活や市民生活の内容が一般市民に比較してもあまりにも「貧困」であることの問題、市民社会から隔離された裁判官の妻の持って行き場のない家庭内孤独の問題と人間性の貧困、国民から疑われている裁判所と検察庁との癒着と「仲間意識」など、司法界が深く抱えている問題である。

閉ざされた毎日――裁判官の生活スタイル

裁判官の生活スタイルには、裁判所という組織体の一員である「サラリーマン」としての側面と、独立して職務を遂行する「職人」としての側面の両面がある。組織に帰属しているから、組織内部での付き合いもそれなりにあるし、特に地方では、毎日のように自分のした判決が写真付きでテレビや新聞で報道されることもあるから、それなりの「世間体」というものもどうしても気になる。

しかし、基本的には「部」という日常の仕事の組織単位のところで、「しっかり仕事をしている奴だ」と見られていれば、他のことはあまり気にすることはない。世間との付き合いも少ないし、付き合いたいと思わなければ他人と付き合う必要にも迫られない。普通のサラリーマンのように、上役と下僚との板挟みになって苦労したり、他人に助けられて人の情けのありがたみが分かるような機会はどちらかといえば少ない。

裁判官の家庭は、通常、裁判官ばかり集合している公務員住宅に住んでおり、地域の住民との接触はあまりない。三、四年に一回の割合で転勤するので、土地の人たちとの馴染みも少ないし、そもそも親しく付き合うための下地となる土壌がない。土地の人たちの中に混じってPTAの役員になるような人も例外的である。

質量共に過重な事件処理の重圧が、裁判官の生活から隣人や市民との接触をいっそう希薄なものにしている。言い方をかえると、「市民と付き合っている暇がない」し、「市民から相手にされていない」のである。団体加入の自由や、意見表明の自由、行動・生活の自由も制約されている。一泊以上の旅行は、所長・長官に対して「旅行届」の提出が義務付けられており、裁判官の生活を管理者側が監督できる体制が確立している。このような生活スタイルは、裁判官から一市民としての自由な生活部分を著しく削り取ってしまい、なおいっそう閉鎖的にしている。

地方の裁判所では、朝、官用車が迎えに来るとそれに乗り、夕方の午後五時前には、また官用車で帰宅することになる。私の場合でいえば、毎晩、ナイター中継が終わり、その日のプロ野球の勝ち負け(とりわけ贔屓チームの)を確認してから、書斎に入り、判決を起案することになる。端的に言えば、裁判官を続けるかぎりこれが一年三六五日間、そしてそのまま四〇年間繰り返されるわけである。

もっとも、地方の支部勤務になっている時期などは、裁判官にとってはしばしば人生における一つの「オアシス」の意味を持つように感じられる場合もある。私も、裁判所職員の野球チームや地域の市民のソフトボールチームに入れてもらって試合にかり出されることもしばしばあった。また、地方勤務の方が大都会の裁判所に比較して、職員や地域市民と個人的に親しくなり、一人の市民同士として付き合える機会も多くある。その中で、普段では得られない人間的な交流や有益な体験をすることもある。裁判官の人柄にもよるが、そのような一人ひとりが自分で作っていける多様にして豊富な人間関係を保っている裁判官たちもいないわけではないと思う。

上からの「しばり」——管理と「公正らしさ」論

戦前の裁判官は、当時は我が国全体が市民社会の発達段階として未成熟であったためか、天皇の勅任官として存在する「雲の上」の人であり、その分だけ国民とは隔絶していた。したがって、裁判官の「市民生活上の自由」が云々される土壌自体がそもそも希薄であったと言える。

それでも、憲法、裁判所法の制定などをはじめとする戦後の司法改革を経て、裁判官が司法行政の中心的な担い手となり、裁判の独立を全うする制度的保障を獲得した段階では、本来、裁判官の「市民的生活」のあり方についても、新しい時代にふさわしい変革が期待されていたと思われる。しかし最高裁は、戦後も、裁判官に対しては、市民との同一性の側面を強調して裁判官の一市民としての自由を保障する方向ではなく、従前と同じく裁判官に国民の上に立つ者としての「エリート意識」を鼓吹し、むしろ国民とは隔絶した特権官僚としての意識を醸成することに意を用いてきたと言ってよいように思われる。

我が国の裁判官は、端的には「市民である」ことよりも「役人である」ことを優先させる考え方と組織による統制下にあり続けてきたと言える。従前から裁判所部内においては、先輩から後輩に対して、例えば「赤提灯なんかでは酒を飲むな」「パチンコ屋なんかには出入りするな」「常に裁判官たる意識の下に行動せよ」などと「指導」「助言」の形で教育がされて来たと言われている。もとよりこのような助言に従い、裁判官が職責の重大さを自覚し、慎重に身を処することの重要性を否定するつもりはない。しかし、そのようなことは、裁判官自身が自らの信念に従い、終生の課題として主体的に追求すべきことであって、上から押し付けるような性質の問題ではなかろう。問題は、そのことが裁判官の生活と行動の幅を狭くし、市民としての生活を束縛し、ひいては最高裁によって統制されやすい「体制順応型裁判官」を大量に創出しかねないという点にある。そしてそれは、裁判官の物の考え方それ自体を鋳型にはめてしまうことを通じて、裁判の統制に繋がっていく危険性がある。

そうした統制的な傾向が、特に意識的・系統的に展開されたのが、一九六四年の臨時司法制度調査会意見書、六七年に始まった青年法律家協会(以下、「青法協」という。詳細は次章で触れる)裁判官部会への攻撃が展開された時期以降である(宮本康昭『危機に立つ司法』汐文社、一九七八年)。戦後の一時期は比較的に牧歌的とも言われていた裁判所だったが、その頃から急激に個々の裁判官の思想傾向までが問題にされるような雰囲気が醸成されていった。「物言えば唇寒し」の傾向と共に、裁判所の運営自体も「格付け」「上命下服的意識」が強調され、裁判官が次第に萎縮する傾向が深まった。

その結果、裁判官の「団体加入の自由」に制約が加えられ、一般市民が加入することには問題のない団体であっても、「裁判官なるが故に加入してはならない」とする論理が大々的に展開されたのである。このときの裁判官攻撃のキーワードは、「裁判官は、公正であると同時に公正らしくなければならない」との「公正らしさ論」であった。この「団体加入の自由」制約の論理は、その後の裁判官の市民としての自由を制約するための強い理論的支柱となっていった。

「沈黙という名の保身」と「小役人化」

こうして裁判官の「市民としての自由」は抑圧される度合いを深めていったが、その際、逆に、裁判官に市民としての自由を保障することこそが、結局は、「裁判の正しさ」を保障する上では不可欠の前提なのだ、ということについては不思議と誰からも強調されなかった。裁判官に対しては、何よりも自由な思索と裁判官らしい主体性の確立という高度に知的な環境を整備することなしには、裁判所の真の発展はあり得ないのだ、ということが顧みられなかったのである。自由な研究と討論の場を問題視され、そのような場を徐々に奪われていった裁判官たちは、次第に沈黙という名の保身の世界に逃避することとなる。

団体加入の自由を喪失した日本の裁判官に、「集会に参加する自由」「自らの意見を発表する自由」「自らの私生活を自らの意思に基づいて構築する自由」が保障される筈はなかった。事柄は「思想・良心の自由」などの内心的自由にも関わり、裁判官は次第に口を閉ざすようになり、同僚間でもテニスの話題とかプロ野球の勝負とかの当り障りのない話以外はしなくなる傾向が深まった。

宮本康昭元裁判官は、前記の著書『危機に立つ司法』の中で、裁判所の行政機関化傾向を指摘し、裁判官対等の原則が裁判官の階層秩序制に取って代わられ、裁判所自律の原則が事務総局による支配体制に取って代わられ、会議体による司法行政の原則が長官・所長専断体制に取って代わられている事実を指摘している。

このような「行政機関化傾向」に応じて、裁判官の中にも次第にその傾向に釣り合った「俗吏」「小役人化」した裁判官が増えてくることになる。上には従順で下には威張る、小人物でありながら自尊心と栄進意欲のみは強い、「大過なく」をモットーとして万事事なかれ主義、人間として冷たく、弱い者の立場を理解しようとしない、などがイメージされるような裁判官が少しずつ増えてくる。そして次第に、裁判官も組織の一員としてその組織原理にのっとって行動していればよいとの意識が全体的に強くなり、自らが独立して主体的に職権を行使しようとする気概が次第に希薄になってくる。

形骸化した「身分の保障」

裁判所法四八条には、裁判官がその「意思に反して……転所……されることはない」と「転所の保障」の規定がある。しかし、現実には行政官庁の職員と同様にほぼ三年の周期で転勤させられており、身分保障の前提である「不可動性」の保障が現実には機能してはいない。転勤の内示を拒否すると、次の年にはもっと条件の悪い任地を内示してくることが分かり切っているので、裁判官は、やむなく内示に応ずることにより自己の身を守ろうとする。サイクル的に繰り返される「転勤制度」が裁判官の生活上の自由を奪い、市民との接触を希薄にしている。

次の転勤先を気にするあまり、どうしても最高裁の人事権行使を気にし、そのことが自己規制的になる最大の原因になっている。この点については、民間企業の会社員や普通の公務員とさしたる相違はない。

裁判官によっては深刻な昇級・昇格の差別的運用、差別的人事がなされている事例もあるようである。任官後四号報酬までは平等に昇給するが、任官後二一年を経過してのち差異がついてくるようになっている「三号報酬昇格」の際には、青法協裁判官部会の主要メンバーや裁判官懇話会の代表世話人などについて、特に差別的に運用されたことがあった。安倍晴彦『犬になれなかった裁判官』(日本放送出版協会、二〇〇一年)では、青法協のメンバーであった同氏に対しては三号報酬昇格、部総括者指名などについて、特に厳しい差別的運用がなされた事例が、本人自身から報告されている。

裁判官がどのように選任され、養成されているのか、裁判官の現実の生活というものがどのようなものであるか、ということは、我が国の裁判がどのような理念と現実の下になされるかの基本的な土壌を形成している。

寺西裁判官問題

一九九八年四月、仙台地裁の寺西和史裁判官は、東京都内で開催された組織的犯罪防止対策法案に反対する集会にパネリストとして参加する予定であったが、所属する地裁所長から「積極的な政治活動に当たる虞《おそれ》がある」との警告を受けた。このため、集会当日はパネリストにはならず、会場のフロアーで「仮に法案に反対する立場で発言しても積極的な政治活動に当たるとは考えないがパネリストとしての発言は辞退する」との趣旨のみを述べた。この件について仙台地方裁判所が仙台高等裁判所に対して裁判官分限法に基づく懲戒の申立てを行い、仙台高裁特別部は寺西裁判官に対して「戒告」という懲戒処分を行う決定をした。寺西裁判官は最高裁に対して抗告した。

同年一二月一日、最高裁大法廷は、寺西裁判官の行為が裁判所法五二条一号が禁じている「積極的に政治運動をすること」に該当するとして、一〇対五の多数意見により仙台高裁の懲戒決定を支持する決定を下した。多数意見は「（寺西裁判官の）本件行動は、本件法案を廃案に追い込むことを目的として共同して行動している諸団体の組織的、計画的、継続的な反対運動を拡大、発展させ、右目的を達成させることを積極的に支援しこれを推進するものであり、裁判官の職にある者として厳に避けなければならないもの」であると判示した。

しかし、この寺西裁判官の言動のように、裁判官が、専門的職業経験に基づく識見を持つ者として、とりわけ国民の間で関心を寄せられている法律上の問題について、賛否いずれにせよ、国民に対してその見解を披露し、また国民と意見を交わすことは、裁判官に対して社会が期待しているところであり、それはむしろ裁判官、ひいては裁判への国民の信頼を高めることに寄与するものである、との考え方もかなりにある。まして、裁判官のこの程度の発言が「積極的に政治運動をすること」に当たるとすることは、裁判官に常に世論の多数意見に従って、ひたすら沈黙することを求めることになるが、それは実質的にはその法案を推進する政治勢力の側に加担することになりはしないのか。特にこの問題は、裁判官の実務活動に直結し、裁判官しか発言できる者がいない分野なのであって、国民の理解と討論を促進する上で裁判官の発言を封じ込める政治的狙いが認められるとして反対する意見も強い。また、多数意見を構成した一〇名の裁判官は「官」出身であり、反対意見の五名の裁判官は弁護士・研究者出身であった。そのために、「「官」と「民」とが真っ二つに対立」というような形容で改めて「法曹一元制度」の重要性が説かれたりした。

独、仏における裁判官の組織活動

一九八五年の国連決議「司法の独立に関する基本原則」(国連総会第四〇会期決議)には、「裁判官には市民的自由が保障され、結社の自由や言論の自由が認められ、政治的意見によって差別をしてはならない」とされている(八ないし一〇項)。特に、我が国と同じ職業裁判官制度を採用しているフランスやドイツにおいても、裁判官や検察官は労働組合を結成し、政治問題について積極的に発言するなど、裁判官たちは社会的にさまざまの運動を行っている。また、日本とドイツとの裁判官の状況の違いについては、記録映画『日独裁判官物語』によっても広く全国民に紹介され、広範な共感を呼んでいる。

木佐茂男『人間の尊厳と司法権』(日本評論社、一九九五年)によると、ドイツでは、裁判官・検察官が同じ組織を作って活動しており、ドイツ裁判官連盟(DRB)、ドイツ行政裁判官連盟(BDVR)、公勤務・運輸・交通労働組合(裁判官・検察官委員会)(ÖTV)、新裁判官連盟(MRV)の四つの自主的な組織がある。その中で、ドイツの裁判官たちは自らの利益を守るための諸活動や司法の問題点について広く討論し、積極的に自らの政治的な意見も表明している。例えば、一九八三年、シュレスヴィヒ=ホルシュタイン州リューベックの裁判官三五名(同裁判所の裁判官の半数以上)が地元新聞に職名を明らかにして軍備増強反対の趣旨の署名広告を出した。それによって所属の地方裁判所長官から服務監督措置としての注意処分を受けた。そこで、被処分者を代表し、一名の裁判官と一名の検察官とが処分取り消しを求めて行政訴訟を提起した。連邦憲法裁判所第二部の第三・三人委員会は、一九八八年六月、処分に違法はないとする連邦行政裁判所の判決を維持する決定をした。この訴訟費用は第二審までに一万九〇〇〇マルクにのぼっていたが、三五名の裁判官が同連盟のメンバーであることを理由に、その全額がドイツ裁判官連盟によって引き受けられている。

フランスにおいても、司法官組合（SM）、司法官組合連合（USM）、司法官職業協会（APM）、行政裁判所の裁判官組合（SJA）の四つの組合組織がある。これらの組合は、裁判官たちの権利に関わる事項についてはもちろん、国会で審議中の法案が基本的人権に対する侵害を含むと判断されるときは国民に向けて活発に発言している。例えば、一九七〇年に麻薬の取締まり強化のための法案が提出されたとき、司法官組合（SM）は、この法案の危険性（①警察に留置する期間が普通は四八時間なのに四日間に延長する。②フランスでは、夜間の家宅捜索は禁止されているのに、特に例外を設ける）について、特にコミュニケを発表して国民に訴え、その結果、元老院（上院）の側も政府の側も司法官組合の意見を採り入れざるを得なくなって法案が修正されたことがある。一九八九年に来日した司法官組合の創設者の一人、ピエール・リオン＝カーン判事（当時、ポントワーズ大審裁判所所長）は、日本の裁判官の私生活や団体加入の自由、言論の自由が制約されている状況は「フランスでは考え得ないことである」旨述べている（『法と民主主義』二四四号）。

裁判官の国際的な組織としては、世界の主要な国の四四協会（一九九六年現在）の自主的な裁判官団体が加盟している国際司法官連盟（ＵＩＭ）が一九五三年に設立され、ローマに本部がある。また、ヨーロッパ諸国に存在する裁判官・検察官（司法官）の各組合は、一九八五年にヨーロッパ司法官組合協会（ＭＥＤＥＬ＝「民主主義と自由のためのヨーロッパの司法官」）を結成し、「各国の司法官の討論の場を設けること」をはじめ、司法の独立と民主化を図ることなど八項目の目的を掲げており、加盟国は少なくとも一〇カ国である（一九九三年）。二つの組織ともに、外国の裁判官に対する弾圧に対しては救援募金を積極的に募ったり、法律案に対する意見を国会に提出したりマスコミに提供したりするなどの積極的な活動を行っている。

フランスやドイツで裁判官の組合が結成されたのは、いずれも一九六〇年代末以降のことであった。それとまったく同じ頃、我が国ではその実質が裁判官の実務研究会程度に過ぎない青法協裁判官部会が、その「公正らしさ」を疑われて弾圧の対象となったのである。いくつかの問題点があったのかもしれないが、あえて志を抱いて裁判官となっている者の叡智を信じて、健全な発展を期待するような立場はとり得なかっただろうか。いずれにせよ我が国裁判官の現状については、「裁判官も人間」との前提の上で、改めてその基本的な権利を確立し市民的自由を保障すべきことを痛感せざるを得ない。

日本裁判官ネットワーク

一九九九年九月、現職裁判官二〇名によって設立された「日本裁判官ネットワーク」は、「開かれた司法の実現」と「司法機能の充実強化」を目指し、現職裁判官をメンバーとし、元裁判官をサポーター会員とする「裁判官の団体」である。彼らは、自らの裁判に傾ける情熱と姿勢とを、このネットワークの中で徹底的に討論する構えのようであり、しかも裁判官が一般市民と隔絶することのないように努力し、会員自らが個性や人間性のある一人の市民として生きることによって裁判の向上に努めようとしている。彼らは、司法改革の議論にも積極的に参加し、現職裁判官の目で見た司法改革案を建設的な立場で提案しようとしている。『裁判官は訴える！　私たちの大疑問』(講談社、一九九九年)、『裁判官だって、しゃべりたい』(日本評論社、二〇〇一年)などは、今日までの彼らの活動の成果を物語っている。規約によると、このネットワークは政治的・労働組合的な性格は持たないものとするようであり、メンバー裁判官の意思を拘束するような決議や決定もしないし、加入脱退は自由であるとするなど、「緩やかな組織」であることを強調している。今後の裁判所の情勢の中で、このネットワークが果たしてどのように活動し、発展することができるのか、国民と共に期待しつつ見守りたい。

第二章以下では、あえて個人的な生活史にも触れながら、私なりの体験を踏まえ、現実の刑事裁判を取り上げて、それらを通じて裁判のあり方を通観してみたい。

第二章　刑事担当の裁判官として

1　法曹への志

東京へ――六〇年安保の頃

私は一九四〇年、香川県の農村に生まれた。家は先祖代々の農家で、六人兄妹三世代同居の大家族だった。「豊か」ではないが勤勉と健康にだけは恵まれ、親たちは朝早くから夜遅くまで働いていた。余裕のある家計ではなかった筈だが、父は「二男・三男には大学教育をつける」方針らしく、次兄と私とだけは特に大学への進学が許された。

一九五九年、四国の片田舎から上京し大学に進学した。六〇年安保の前年、「政治の季節」だった当時の駒場のキャンパスは、何とはなく騒然としていた。田舎から出て来たばかりの者にとっては、政治に関する知識の豊富な学生がたくさんいるのにびっくりさせられ、よくは分からないが何となく圧倒されるような感じを抱かされた。英文学の教官などは、授業そっちのけで学生と一緒に安保条約の是非についてクラス討論に加わったりしていた。当時の学生は、大なり小なり「国家の大事」について議論するのが好きで、教官の中にも面白い方が多かった。

その頃は、誰もがそれなりに政治的な議論に参加し、それなりに行動的だった。私は、デモに行ったり行かなかったりしつつ、その合間に近隣の女子大生との「合ハイ」にはきちんと参加する平均的なノンポリ学生の一人だったと思う。

六〇年安保は自然承認という形で収束し、その後は、「故郷《ふるさと》へ民主主義」という帰郷運動が提唱された。高校時代に生徒会活動をやっていた者がその地域の中心となり、大学の先生たちを招いて「日本における議会制民主主義の現状」「安保条約と国際平和」などをテーマに講演会を開催したりした。「何かをしなければ」という漠然とした責任意識から、「何か」をしたつもりになっていたのだと思う。政局は岸信介内閣が総辞職し、「所得倍増論」を引っさげた池田勇人が首相に就任し、学生たちの六〇年安保への熱気は次第に沈静化していった。

法曹への模索

学内が平穏さを取り戻し始めた頃、本郷のキャンパスに進学し、友達に誘われてセツルメント法律相談部に参加した。「法律相談」といっても、地域のおじさん、おばさんたちが持ちかけてくる話をただ聞いているだけのことだったが、都市地域の人たちの生活上の悩みはそれぞれに新鮮であった。そのうち、あっという間に一九六三年の卒業年次になった。それまで、社会や人生のあり方について大真面目に議論していた友人たちも、それぞれにきわめて現実的に割り切り、次々と大銀行や官庁に就職を内定していった。

私は、官庁や民間企業に入る決意がつかないまま、結局、消去法による最後の選択で司法試験に挑むことになった。当時は、自分の法律学に対する資質に自信が持ち切れず、法律家の具体的なイメージが湧かずに、なかなか目標を絞り切れなかった。身近に法曹関係者が一人もいなかったせいもあり、弁護士は「金儲けの権化」のように見え、裁判官や検察官には権力的なイメージが強過ぎ、要するに何となく縁遠い存在に見えた。飲み込みが悪いのか法律の勉強が面白くなく、つい古典や通俗小説ばかりを読み漁っていた。しかし、大学四年生ともなれば、そんなことばかり言ってはおられない。「大学には進んだけれど」四年生になっても就職先の決まらない私は郷里にいる家族に対して肩身が狭かったが、その時、父は何一つ愚痴めいたことを私には言わなかった。

岩波新書『誤った裁判』

一九六三年当時の司法界では、松川事件(一九四九年、東北本線松川駅付近での列車転覆事件。一審で五名、二審で四名の死刑を含む有罪判決、最高裁による破棄・差戻しと、社会的に大きな関心を集めていた）に被告の全員無罪が確定し、八海《やかい》事件（一九五一年、山口県熊毛郡麻郷村字《あざ》八海で発生した老夫婦殺人事件に対し、五人の複数犯の犯行か、単独犯で他の四人は冤罪かが焦点になっていた）の行方が世間の耳目を集めていた時期である。大学の憲法講義は小林直樹教授で、非武装中立・恒久平和主義を教壇で熱っぽく説いておられた。当時の大学では、田中二郎、団藤重光、伊藤正巳など、いずれもその後に最高裁判事に就任された先生方の講義やお話が聴けた。彼らが後にリベラルな最高裁判事として司法に貢献したことはよく知られている。その過程で、上田誠吉・後藤昌次郎共著『誤った裁判』（岩波新書、一九六〇年）などを読んで感銘を受け、諸々の勉強会のテキストにしたりしていた。誤判・冤罪に専門家として関わる弁護士・裁判官・検察官などの法律家の仕事というものが見え始め、それがきっかけとなって、少しずつ司法の世界というものが身近に感じられ始めた。

「こんな分野なら、あるいは自分でも何か役に立つことができるのかもしれない」。友達に誘われ、八海事件を扱った映画『真昼の暗黒』上映会や、特別弁護人として活躍された作家の広津和郎先生を囲む松川事件の講演会に参加したのもこの頃である。手探りしながら、司法試験の勉強を四年生の後半頃から本格的に始め、留年して六五年にはどうにか司法研修所に入所できた。法律の勉強は、わかり始めると急速に学力が向上する。登山の際に、頂上近くになって急激に視界が開けて来る感じとよく似ている。「難しそうに見えていたけど、実はこの程度のことだったのか……」。ある時点から私なりに周囲も認める実力を付け始め、合格した六四年には、かなりの余裕を持って試験に臨むことができていた。

松川事件と裁判官任官

私が入所した当時の研修所にはリベラルな雰囲気が残っていた。教官にもリベラルな実務派が揃っている感じだったし、一クラス五〇名くらいだったが、そのうちの半分以上が青年法律家協会(青法協)に加入しているようなクラスもあった。

青法協というのは、「憲法擁護・平和と民主主義」を掲げ、一九五四年に設立された学者・研究者・法律家で構成する団体で、発起人には、加藤一郎、平野龍一など現職の東大教授をはじめとする著名な研究者・学者・弁護士が名を連ねていた。修習生になった私は、直ちに青法協に加入し、民主主義擁護ということについて具体的に考えるようになっていた。

自分の進路については、弁護士になることも考えてはいたが、修習地の関西で見た金儲け第一主義のごとき弁護士の姿が何となく自分には向かないように思えた反面、仕事に追われているようでありながら、おおらかさがあった裁判官の方が魅力的に見え、結局、紆余曲折を重ねて裁判官に任官することになった。

しかし、裁判官への進路を動機づけたのは、やはり「松川事件」だったと思う。松川事件第一次上告審判決（五九年八月一〇日）は実に「七対五」の僅差で仙台高裁に原判決破棄・差戻しを決定していた。「たったの二票差で死刑になるか、無罪になるかが決まってしまう」。裁判官というのは大変な仕事だ、これでは人権意識をきちんと持った者が裁判官にならないと大変なことになるなあー、とつくづく考えさせられた。判決文を読んでみると、S最高裁判事のように、「被告人たちがやったに決まっている」と決めつけ、それだけではなく、自分と同じように考えない無罪意見の最高裁裁判官に対しては、それこそ悪口雑言で罵るような、そういう人物が最高裁裁判官の座にいることはまったくの驚きであった。しかし、他方では、「疑わしきは罰せず」の立場で、緻密な論理で淡々と説示しておられた最高裁判事の方もいた。このあまりにも顕著な「多様性」というものは、若い学生、修習生の心に深く焼きついたのだと思う。

当時は、高度成長の勢いがいまだ盛んで、修習生の中には弁護士になって安定した生活を期待するという風潮が強くあった。しかし、「お金」よりも「大義名分」が好きな層もいて、人権意識や素朴な正義感から裁判官や検察官に任官を希望することも、もう一つの風潮として存在していた。裁判官志望については、当時は公安条例違憲判決などがあったりしてカッコいい人権派的イメージであったが、一方、検察官は検察官で、時に華々しく「巨悪に挑む特捜検察」の活躍があったと思う。また、セツルメントの先輩たちの中にも東京地裁勤務の現役裁判官が何人かいて、なかには年末の打ち上げコンパの時に出てきて、「裁判官のやり甲斐」を強調される人もいた。

2 任官のころ――人権擁護・民主主義の志

最高裁全逓中郵判決

任官した年の前年の一九六六年一〇月二六日、最高裁大法廷は「全逓中郵判決」を言い渡した。東京中央郵便局の人たちの争議行為の適法性が争点になり、最高裁大法廷が僅差で無罪方向へ原判決破棄・差戻しの判決を言い渡した事件である。日本の労働運動が長年抱えていた、公務員労働者の争議行為に対して刑事免責を求めるという課題に対し、日本の最高裁が初めて具体的に前向きの答えを出し始めた画期的な大法廷判決であった。

しかし同時に、この全逓中郵判決を契機として、財界・政府・自民党などによる、司法に対する激しい政治的・思想的攻撃が開始された。すでに述べたように、その攻撃目標とされたのが青法協であり、裁判所は全体としてこれに対抗し切れなかった。以後、年を経るに連れて日本の裁判所は次々と自己抑制的に右寄りに旋回して行く。

青法協攻撃――司法再編の目論見

私たちが任官した直後の一九六七年九月頃から、雑誌『全貌』などの右翼ジャーナリズムによる、青法協裁判官部会攻撃を中心とした裁判所、裁判官に対する攻撃が始まった。『全貌』は、青法協会員裁判官の名簿を誌面に載せ、主要な労働事件に関わった裁判官の一覧表を作ったりして、会員として名簿に登載されている者に対して「このような偏向団体である青法協から脱会する意思があるかどうか」の回答を求め、さらに、脱会の意思を具体的に表明しない裁判官に対する訴追請求の用意があるとして脅迫し始めたのである。

「青法協裁判官部会」というのは、五四年の青法協設立後、若い研究者、弁護士、司法修習生が続々と青法協に加入して、修習生の加入者がその期の半数近くにも達するようになる中で、ごく自然に会員のままで裁判官になる人が増えたことによってできたものである。

先輩たちは、裁判所内部で少しずつ会員が増えてきたことに対応し、人と人とのつながりを頼りに名簿を作り、「例会」などと称して実務上のテーマを取り上げた研究会スタイルの集まりを持っていたようである。しかし、当時の裁判所内部では、私たちが任官した六七年の時点では、キャリアとしての経験がやっと一〇年に達する人が何人か出たという程度の、まったくの若い判事補中心の少壮裁判官集団に過ぎなかった。部総括クラスは一人もおらず、判事になっている者もほんの数人程度で、裁判所内部では「このごろの若い人たち」という言い方で簡単に片づけられるような存在であった。そのようなときに、あたかも青法協を「革命団体」かなんぞのように決めつける攻撃が始まったわけである。上は最高裁当局をはじめ、下は末端の我々新任判事補までがテンヤワンヤの騒ぎになったのも無理なことではない。

司法反動の時代

この「司法反動」の攻勢は、裁判官一年目で、やっとよちよち歩きし始めたばかりのような私たちに対しても遠慮なく襲いかかり、かつ、その後の十何年間もかけて執拗に続けられたと言える。自衛隊の違憲性に触れた長沼訴訟を担当していたために訴追されたり、忌避されたりした福島重雄裁判長や、一〇年目で再任を拒否された宮本康昭裁判官などは、そのターゲットとされた具体的な犠牲者にほかならない。彼らは、私たちのような任官したばかりの若い裁判官にとっての頼もしい兄貴分・先輩格であって、その年功を買われて、機関誌『篝火《かがりび》』の編集責任者などとして名前を出したりしていたために、具体的な標的にされたものと考えられた。

　こうして、青法協脱会勧告、再任拒否、訴追請求、任地差別、昇給差別、個人的中傷と、およそ裁判所、裁判官らしくない内容の押しつけが続いた。「脱会勧告」は、特に転勤の際などに、所属の所長などの上級者からそれぞれの会員に対し、「君のような前途有望な裁判官は、もっと別に裁判所に貢献する方法があるだろう。よく考えて欲しい」との先輩から後輩に対する「暖かいご忠告」の形で行われていた。

　いずれにせよ、この間の日本の司法の動きは、恥ずかしく、かつ、暗澹《あんたん》たる歴史として、現在にも大きな傷跡を残しているように思われる。憲法・平和・民主主義を標榜する団体、しかも裁判官までが加入している団体を政治的な手法で攻撃するということは、掲げられた憲法・平和・民主主義という究極的価値を、裁判所から排除するように正面から要求されたことを意味している。そのような公然たる攻撃は、有形無形に裁判官全体の深部に影響を与え、青法協会員裁判官の裁判所内における発言力を減殺し、孤立化を促進し、その結果、裁判官全体が萎縮していった。戦後の裁判所に在官し、志を抱いた数多くの有能な裁判官たちによって、本来ならもっと発展させられたであろう憲法的価値・平和的価値・民主主義的価値に基づく諸々の判例が、花開く前に機能不全化されたように感じられてならない。その影響は、現在における我が国の人権状況にくっきりと顕れているのではないだろうか。

この青法協攻撃は、その後、十数年の対峙の段階を経て、八四年、青法協裁判官部会が青法協本部との関係を絶って独立する旨の宣言を発することにより、一応、収束した。

その間、日本の司法は非常に大きな変貌を遂げた。それは戦後の比較的牧歌的でリベラルな雰囲気を残していた時期と比べてみれば分かる。例えば、全体裁判所(地裁、簡裁を併せたものをいう)における令状請求の却下率を見てみよう。

六八年については、

逮捕状請求につき〇・二〇パーセント、

勾留請求について四・五七パーセント、

差押さえ・捜索・検証許可状請求について〇・四三パーセントが却下されたのに比して、

三〇年後の九七年になると、

逮捕状請求につき〇・〇四パーセント、

勾留請求について〇・二六パーセント、

差押さえ・捜索・検証許可状請求について〇・〇七パーセント(いずれも司法統計による)

に落ち込んでいる。捜査、取調べの側からの令状請求に対し、国家組織の中で司法的チェックを本分とする裁判所が独自の判断で「ノー」と言うことがほとんどなくなっているのである。すなわちそれは、裁判所が権力機関としての機能だけは急速に肥大化させながら、市民の権利を守る機能の方は徐々に無力化していく「官僚司法」へと大きく脱皮、変貌していった経過だと考えられる。

裁判官としての私

私は、一九六七年四月、横浜地裁判事補に任官し、以後、秋田地・家裁大館支部、東京地裁、大阪地・家裁岸和田支部を経て、七八年四月、徳島地裁に異動した。そこで冨士茂子さん申立ての徳島ラジオ商殺し再審請求事件に出会うこととなる。八〇年一二月一三日、徳島地裁は冨士茂子さんの死亡後に再審請求を引き継いだ四人の弟姉妹による第六次請求に対して再審開始決定を告知し、徳島地検は即時抗告、審理は高松高裁に移った。その後、私は新潟地・家裁高田支部長として雪国に赴任し、豪雪下の四年間を過ごした。家族も私と共にいくつもの任地を一緒に動きながら、子供たちは、その土地で高校生活を終え大学に進学した。

青法協攻撃は、六七年以降、脱会勧告による切り崩しを中心とし、ずっと断続的に続いてはいたが、八四年、青法協裁判官部会の独立宣言によって、一応、収束した。そのせいかどうかはよく分からないが、その直後頃から、もと会員だった者が、東京、大阪などの拠点裁判所に徐々に配置されるようになり、私も、八六年には東京高裁民事部に配置され、その後、秋田地裁判事を経て、九一年、依願退官し、弁護士に転換したことは前にも述べたとおりである。

私は、裁判官在任中の全てを現場の裁判所ばかりで働き、その意味ではごく平凡な道程を辿った現場裁判官に過ぎない。青法協攻撃にさらされ、任地や配属に不満がなかったわけではないが、それぞれの任地では裁判官の同僚たちや裁判所職員に囲まれ、私なりに伸び伸びと仕事をすることができたし、個人生活の面では、ごく限られた範囲ではあったが、趣味のソフトボールやテニスなど、スポーツを通じて楽しく快適に過ごさせて頂いた。

3　刑事裁判官の立場と悩み

裁判官の目からは見えない事実

弁護士になってみると、当該事件に関わるいろいろなこと、特に関係者が当然のように知っていることでも、裁判官だけは知らない(知らされない)ことがしばしばあることに気付かされる。

まず供述調書に被告人に有利な事情は原則として書かれないし、被告人に有利な証拠があっても法廷には提出されないことがほとんどである。検察官は、いったん起訴した以上、当然のように有罪判決を獲得し、被告人を犯人にすることのみに熱心になる。そして、「被告人がホシ(犯人)である」との主張に沿う事実だけを拡大して、繰り返し裁判官に見せつけることになっている。そのため、事前に丹念にリハーサルを遂げた証人に法廷で完璧に演技されたような場合、虚偽の証言でも本当らしく聞こえてしまう。判断材料が限定され、視角が限られているために、裁判官は些細な事柄から被告人に予断や偏見を抱くことがあり得る。

裁判官が誤判に陥るのにもわけがあるのである。

「証拠隠し」の問題

松川事件では、検察側は、のちに被告人の一人、佐藤一氏のアリバイを証明することになった「諏訪メモ」のような決定的な証拠を、長期にわたり隠匿していた。この「諏訪メモ」は、福島地検の倉庫、次席検事の官舎などを転々とし、表面上は副検事が主たる保管責任者になって隠匿され、一九五八年九月に諏訪氏に還付された後、最高裁大法廷に証拠として提出された。

もし検察側が「諏訪メモ」を隠匿せず、第一審福島地裁の段階で明らかにしていたならば、別の被告の自白を根拠とする「四九年八月一五日午前一一時からの福島国労事務所における共同謀議」は「空中の楼閣」と化した筈である。当然、一審段階ですでに全員無罪が言い渡されたことであろう。そのような重要なアリバイ証拠を隠し続け、そのために一審では五人もの人間に死刑判決が言い渡されたのである。そういう裁判構造が基本的に今でも是正されることなく、我が国の刑事裁判は進んでいる。これは誠に恐ろしいことである。

学生、修習生、裁判官の時分は、そのようなことは書物で読んではいても、具体的に身に迫るものとして理解できてはいなかったと思う。在野の一弁護人として、検察官や裁判官と法廷で対峙し応酬する中で、裁判所、検察の構造や国民との接点、関係がより鮮明に立体的に肌で分かってきたように思うのである。

よく分からないための苦労

裁判官時代は、七転八倒しながら判決を書いて来たように思う。何故、そんなに悩まなければならなかったのか弁護士になってから考えたのだが、結局、右に述べたような裁判構造の中で必死に喘いでいたのだということに気がついた。酸素が不足してくると金魚鉢の金魚がパクパクするのと同じである。私は生来、物事の飲み込みが早いほうではない。自分の頭に理解できるようにすっぽり入り込まないと、なかなか自分の中に受けつけない頭の構造になっているためか、納得するまでには随分と時間がかかる。しかし、それ以上に根本的には、実務家として未熟な上に、社会的経験が決定的に不足していたわけであるから、苦しかったのも無理もなかったのだろう。また、能力不足や生活経験の不足の上に、市民と隔絶した生活スタイルであったために、社会常識に欠けることも随分とあったとも思う。要するに、事実関係についても、法律理論についても、なかなか分からない中で苦しみながら判決を書く、というのが現実なのである。

こうして、閉鎖的な組織構造・裁判構造の中で裁判が行われているわけであるから、どんなに優れた裁判官でも、不可避的に誤判を犯す可能性は確実にあるように思う。

刑事担当裁判官の悩み

判事補の頃、将来は刑事担当の裁判官をしたいと考えていた。現実の事務分担でも、判事補の一〇年くらいと判事の五年くらいはどちらかといえば刑事裁判中心だったが、その後は、民事裁判担当が多くなった。若い頃は、捜査手続の過程で身柄を拘束された被疑者の取調べと弁護人の立会い権に触れたミランダ判決やゴルト判決(適正手続の保障の趣旨から非行事実の認定に当たり少年の基本的権利の保障を要求した）のような優れたアメリカの刑事判例をアメリカの大学から取り寄せて自分なりにフォローしていた時期もあったが、結局、判事になってから止《や》めてしまった。青法協会員である以上、担当職務を希望しても叶えられる保障はどこにもないし、実務官僚としてのそのような展望が全然見えては来ない。また、何よりもその当時の諸々の情勢が、そんな悠長なことを許さなくなった。

刑事裁判を担当するときは、私なりに、冤罪を出してはいけないことだけはモットーにしてきたつもりである。しかし、現実の裁判システムの下では、それはそんなに簡単なことではない。裁判官は法廷に出て来る諸事象の背景的な実態が一つ一つはよく分からないままに、次々と判断を迫られている。ほんの少しでも油断していると誤判を犯しかねない。

検察官は、あえて起訴するわけであるから、ともかく形としてはそれなりの証拠を出してくる。被告人が否認していても、最初から「起訴されたのだから犯人ではないか」と疑ってかかる裁判官なら、それで満足し、それだけで有罪判決をするかもしれない。有罪率が九九・九パーセントという統計（第六章参照）が、裁判官にある種の安心感を与えている、ということもあるだろう。

しかし、そうではない裁判官でも、検事立証が終わった段階では、「これはあるいは犯人かもしれないなあー」と思うことが多いものである。しかし、弁護側の立証が進展すると、徐々に「これは作られた冤罪かもしれないなあー」とか「この起訴は間違えているなあー」とかが、少しずつ判明してくることになる。

日本の裁判官の多くは、本当に罪を犯している真犯人が有能な弁護士を付けてうまく言い逃れをして無罪になる、そういう事態をよいことと考えてはいないと思う。私も、どちらかと言えばそのように考えていた。裁判官は、本音のところでは、心のどこかで「騙されないぞ」という構えた気持を被告人に対して抱きつつ裁判に携わっているのではないだろうか。

難しい事件については、最終的には、「被告人は怪しいとは思うけれども、絶対に犯人かどうかはよく分からない」という状態になることが多い。その場合、どうしても、英国の法格言に言う「疑わしきは被告人の利益に」を、本当に日本の裁判所で実践できるのかどうかということが裁判官としてのぎりぎりの試金石となる。まさに心構えの問題に帰着してくるのである。ここで、「犯人は必ず罰しなければならない、逃してはいけない」との必罰思想の持ち主の裁判官は、少々の疑問点があっても「有罪」に踏み切ることがあるように思われる。このような裁判官の判決が、その後、被告人をはじめとする関係者に対し、何十年もの歳月を費やして再審を求め続けるための塗炭の苦しみの「産みの親」となっている。

難件の判決書き

難件を担当した場合、私は、検察官側・弁護側の双方の立場に代わる代わる立ってみて、両方の方向から交互に考えてみることにしていた。それぞれの主張に矛盾する証拠がないか、どの証拠とどの証拠が有力なのか、検察側が言う点と弁護人が言う点のどちらが合理的なのか、などとシーソーゲームみたいに自分の中で考えるわけである。もともと、自分の理解力が優れているとはとうてい考えられず、自分の判断力になかなか自信が持てないからこそ、自然にそうなるのだとも言える。

難しい事件だと、夜、寝ていながらふっと目が醒めて枕元に置いてあるメモ用紙に書きつけたり、また、起きあがって書斎に向かうということもしばしばであった。トイレの中で考えることも多い。また、パチンコ屋の「キーン、キーン」という金属音は、不思議と微妙に脳細胞の活性化を促進するらしく、判決書きに行き詰まったとき、官舎の近くのパチンコ屋に出向いて台に座って判決構想を練り、結構いいアイデアが生まれて助かったこともあった。

「検察官上訴」が裁判官に対して持つ意味

我が国では、一、二審の無罪判決に対して検察官による上訴を認めている。地裁の無罪判決に対して、検察官はこれを覆すための二度のトライ・チャンスがあるわけである。第一審の無罪判決を高裁が破棄し、死刑を言い渡した有名な名張毒ぶどう酒事件（一九六一年発生の殺人事件、七二年死刑判決確定、現在、再審請求中）、無期懲役を言い渡した東電ＯＬ殺人事件（九七年発生の殺人事件、二〇〇〇年逆転有罪・無期懲役判決、現在、上告中）のようなケースがある。また、一審の有罪判決を高裁が破棄して無罪を言い渡したところ、最高裁がこれを破棄して差戻し、結局、有罪判決が確定した星野事件（八八年発生の強制わいせつ事件、九九年懲役七カ月判決確定）のような事件もある。

このようなシステムの下では、たとえ一審裁判官が無罪判決を書いても、検察官はさらにその後に捜査を重ねて新しい証拠を探し出し、高裁で破棄されるように全力を尽くすことができる。

他方で、無罪判決をした裁判官に対しては、ときには「無罪病判事」などと一部ジャーナリズムからレッテルを張られて、名誉を傷つけられることもある。このようなことを気遣うあまり、裁判官が無罪判決を言い渡すことに何となく慎重になりがちで、これが「疑わしきは被告人の利益に」の鉄則が機能しない原因の一つになっている。

要するに、「疑わしきは罰せず」との刑事裁判における鉄則を実践するには、単に裁判官の主体性の問題だけでなく、諸々の事柄が障害になっているのである。「十人の真犯人を逃すとも一人の無辜《むこ》を罰してはいけない」という原則は、冤罪の恐ろしさを強調するとともに、たとえ真犯人を逃すことになっても、そいつには必ず天罰が下るよ、という哲学なのであるが、我が国ではこのテーゼはどこまで浸透しているのであろうか。また、今の裁判所には、形式的な証拠が揃えば有罪判決をしがちな、「有罪判事」と言いたくなるような人たちもいないわけではない。現実には、このような人たちの方がむしろ刑事畑の「ベテラン裁判官」視されて順調に昇進して行くケースもあるように思われる。

「疑わしきは被告人の利益に」の原則を実践できるか

裁判官が、真犯人であるとはっきりとは断定し難いけれども、被告人が怪しいという状況は立証できているし、被告人側から真犯人ではないとの確たる立証もされてはいないのだから、あえて有罪に踏み切る、ということがあるのではないだろうか。

問題になっている事件の判決を繰り返し読んでみても、裁判官がどうして有罪に踏み切ったのかがよく分からない場合がある。事件記録を読む前に判決を読んだだけでも、次々と疑問点が出てくるのに、それらの疑問が判決の中で合理的に解明されないままに有罪判決になっているのである。裁判官が大変な苦労をして、言い訳がましく無理矢理、有罪判決を書いている印象すら受ける判決が結構ある。

日本の裁判官は、どうして、率直に「合理的な疑いを超える程度の証明がない」として無罪判決を書くことをしないのか、疑問になる判決がいくつもある。有罪にしないと裁判官が人事上不利に扱われることがあるのではないか、と思われるほどである。我が国では、「疑わしきは罰せず」が実践できているとはとうてい考えられない。このことが我が国における最大の誤判原因になっていると思われる。

裁判官は、諸々の条件から被告人が怪しいと思っても、一度は必ず、「もしかしたら、被告人は無実ではないか」との視点から、被告人の言い分や証拠関係を全面的に再検討してみるべきである。それによって必ず、当該事件の別個の側面が見えてくることがある筈である。

私は、日本人というのは、どちらかといえば、真犯人ならば「俺はやっている」と認める素朴な人びとが多いのではないかと考えている。国民の「同質性」を前提とし、できれば事を荒立てないで、村の中で「なあなあ」で済ませる国民性だと思うのである。真犯人であるくせに、狂言で「俺はやってはいない」と獄中で何十年間も叫び続け、しかも周囲にいる人間がそれを真に受けて救援活動をするなどということは、通常まずあり得ないことだと考えている。「狂言的な否認」の場合にはその「不自然性」が必ず暴露される筈だと考える。

新任だった横浜地裁当時、左陪席裁判官として死刑判決に二度関わったことがある。二人に対してはすでに死刑が執行され、二人ともこの世にはいない。この二人は、いずれもが二人以上の人間を殺害していたので、本人自身も死刑判決をある程度予測し、覚悟していたと思われるが、二人とも罪状認否では「私がやりました」と素直に認めた。私は、日本人というのは、そういう国民性なのかなと思いながら現在に至っている。

「無罪」の主張を受け止められるか

「司法取引」の世界であるアメリカでは、罪を認めると刑が減ぜられるなど、現実に「得」をする。だから、否認して陪審を選ぶかどうかが大きな賭けの意味を持ち、その見通しの成否が弁護士の評価にも関わってくる。やはり横浜地裁当時、ベトナム帰りの米兵による強姦、強盗、放火などの暴力事犯の審理に何回となく関与した。そのとき、米兵たちのほとんどは、アメリカの「ベンチ・トライアル(すなわち「裁判官による裁判」)」が受けられるというので、罪状認否では「ナット・ギルティー」と慣習的に否認するのが通例のことであった。罪を認めても何の「得」にもならない制度下で、あえて自分の罪を認めるのは損だ、というわけである。しかし、日本人はもう少し素朴でウェットなところがあるようだ。捜査段階ではまだしも、公判段階になってまで「狂言としての否認」をし続けるというのはごく例外的なケースであろうし、もしそのような場合には、その不自然性が暴露されることがほとんどであろうと私は考えている。

言いかえると、日本のような裁判システムの状況下で、「裁判官、私はやっていません」と法廷で必死に主張する被告人に出会ったときこそ、裁判官たる者は、「もしかしたら冤罪ではないか」と、その叫びをきちんと受け止め、きわめて慎重に、そして徹底的に審理して調べていく心構えが常に必要だと思うのである。しかし、そういう心構えで現実に法廷に臨んでいる裁判官は、果たしてどのくらいたくさんいるのだろうか。

言い渡した無罪判決のその後

私が合議体として、あるいは単独事件で有罪を言い渡した事件が、上訴審において無罪判決に覆ったケースは記憶にはない。おそらく一つもないと思う。他方で、私の言い渡した無罪判決が高裁で逆転有罪になったケースは二件ある。一つは、道路交通法七二条の事故報告義務違反の罪について限定解釈を施して、一部無罪を言い渡したケースだが、これは法律解釈の問題であって事実認定に関するものではない。もう一つは、女性被告人の自白調書の信用性に疑問が出てきて、公判廷での供述の方が信用できるとして全部無罪にした事件であるが、高裁は被告人の公判における供述よりも自白調書の信用性を肯定し、破棄自判(原判決を破棄した上、高裁が自ら有罪を言い渡すこと)・有罪として終局した。

私は、平均的な裁判官よりは無罪判決を比較的多く言い渡した方だと思っているが、今の二件以外は検察官控訴がなく、判決は一審で確定した。その多くは、地方の目立たない裁判所での無罪判決であったことや、私は無罪判決の理由についてはやや詳し過ぎるくらいに書く方だったこともあったと思う。この点は、先輩の木谷明元裁判官も同様のことを指摘されている(詳細は第六章で触れる)。

4　弁護士としての人権擁護活動

袴田事件と出会う

一九九四年、静岡地裁は、死刑囚袴田巖氏の再審請求を棄却する旨の決定をし、弁護団は直ちに東京高裁に即時抗告をした。これとほぼ同じ頃、日弁連袴田事件委員会の要請があって、私は同事件弁護団に参加することになった。以来、今日まで同弁護団の一員として活動している。

私は、弁護人として袴田事件の五〇分冊にもわたる膨大な事件記録を少しずつ読み進んでいくうちに、この事件は、冨士茂子さんを追い込んだ捜査機関の手口、誤判に至る裁判所の姿勢とまったく類似した経過と構造を示しており、そのことが一人の人間を冤罪に追い込んでいるのではないか、と確信するようになった。

冤罪の構造とは何か

その後、弁護士としての経験が五年を経過したところで、日弁連人権擁護委員会委員に指名され、同委員会再審部会で活動するようになった。それ以後次第に、諸々の冤罪事件の記録に触れることができ、また、冤罪や司法問題に関するシンポジウムや講演の依頼に応ずることが重なり、冤罪関係者の話を直接に聞く回数も飛躍的に増えた。このようにして、私の冤罪に対する認識も徐々に深まったのである。

このような経過を通じて、私は、自分が担当した徳島ラジオ商殺し事件などの事件の顚末について、これらをもう一度、法律家としての厳しい眼で見つめながら、「冤罪の構造」について深く検討することを迫られた。そして、冤罪の発生を防ぐためには何が必要なのか、我が国の司法をどのように改善すればよいのかについて、次第に考えるようになってきたわけである。

現在、私は弁護士となって一〇年を経過したところである。弁護士として、あと何年、元気に活動できるのかは分からないが、冤罪に苦しむ人たちが随所にいるなかで、その人や家族の方、救援活動に携わる人たちと一緒に、今後も冤罪について考えていくつもりである。そして、一弁護人として、何としてでも冤罪者が救済されるよう、再審運動などの活動を継続し強化していくことが、私に与えられた使命ではないかと考えている。

第三章　再審請求を審理する

——徳島ラジオ商殺し事件——

1　捜査の展開と起訴、そして判決

事件発生と当初の捜査

徳島ラジオ商殺し事件とは、一九五三年一一月五日午前五時一〇分頃、徳島市内でラジオ商を営んでいたSさん(当時五〇歳)が、早朝に何者かによって刃物で殺害された事件である。犯行現場は、家族が寝泊まりしていた旧建物奥四畳半の間であり、犯行現場には匕首《あいくち》、懐中電灯などが遺留され、家族の布団のシーツ上に犯人のものと見られる靴跡が残っており、S家の旧建物屋根上の電話線、電灯線が切断されていた。

Sさんは電気商で、事業拡大のために三階建ての建物を建築中であり、同居していた冨士茂子さんは内縁の妻で、二人の間には、当時九歳の娘Y子さんがいた。奥の離れの間には住み込み店員として働いていた一七歳のNと一六歳のAが寝起きしていた。捜査を担当した徳島市警は、遺留物件に着目して「外部犯人説」に基づく捜査をし、翌五四年六月の時点で、某暴力団組員Kが犯人ではないかというところまで集約されたが、今一つ、犯人特定に踏み切れないとして、高松高検は徳島地検に対して再捜査を命じた。

検察による「見込み捜査」、そして起訴

不幸なことは、一九五四年六月頃から徳島地検において「内部犯人説」への捜査方針の転換が行われたこと、すなわち同地検独自の「見込み捜査」が開始されたことである。徳島地検は、同年七月一〇日頃の捜査会議で、内縁の妻茂子が犯人だとする「茂子犯人説」を想定している。しかし、内部犯人説を採用する場合には必ずクリアーしなければならない、①シーツ上に印象されていた「靴跡」の存在、②懐中電灯、③匕首などの各物証に対する検討は、具体的にはなされていない。

そして、同年七月、徳島地検は、自らの「想定」に合致する供述を集めるために、「内部犯人説」を裏付ける供述をなし得る者に対する強引な強制捜査に移った。地検は、NとAという二人の住み込みの少年に対する逮捕・勾留、監護措置をとり、彼らに対して供述を強制した。こうして、Nは合計実に四五日間、Aは二七日間、身柄を拘束されている。二人は身柄拘束期間中に、四つの嘘の供述を強いられ、その趣旨の供述調書が作成された。四つの嘘の供述とは、①S・茂子夫婦が格闘するのを目撃した、②茂子に依頼され、屋根上の電話線、電灯線を切断

した、③茂子に依頼され、刺身包丁を両国橋の上から川へ投棄した(以上、N)、④茂子に依頼され、匕首を暴力団某組から借りてきた(以上、A)というものであった。

二人の供述調書を得た地検は、遂に茂子さんの身柄を拘束する。茂子さんは、五四年八月一三日逮捕・勾留され、勾留中に虚偽内容の自白調書(八月二六日付け)を作成され、同年九月二日に起訴された。

誤った一、二審判決——キャリア裁判官の陥った陥穽

一九五六年四月一八日、徳島地裁は、茂子さんに「懲役一三年」の有罪判決を言い渡した。この判決は、検察官の嫌疑をそのまま引き継ぎ、あたかも検察官の論告要旨をメモ的に羅列して「判決書」として記載した観のある判決であった。無罪を主張し、必死に裁判所に対して訴えていた茂子さんに対する有罪判決としては、著しく不親切な説示と言うほかはない。

例えば、「Nによる刺身包丁の新町川への投棄」という争点について、一審判決は「該刺身包丁は徳島市新町を東に流れる新町川にかかる両国橋上から投棄されたものである(その後、該包丁は川ざらえの結果によるも発見されなかったことは証人〇〇の証言によって明らかであるが、このことは特に右認定の妨げとはならない。)」という具合に、いわばメモ的に裁判所の

「感想」を述べるに止《とど》まっており、被告人の無罪の主張に対する事実認定の根拠を詳細に論証したものではない。

しかし、N証人の「川に包丁を投棄した」との証言の信憑性を検討するとき、投棄したとする場所は「川底」なのであり、通常は誰しもが動かしたりはできない筈の場所である。したがって、「川ざらえ」をしても出てこなかったという「客観的事実」が明らかとなった以上、N証言の信憑性に対しては根本的な疑問が投げかけられて当然のケースなのである。このような証拠法上の基本原則を無視した判決は、およそ裁判所の事実認定に対する信頼を根本から瓦解させるものである。茂子さんが直ちに控訴したのは当然のことであった。

しかし、五七年一二月二一日、高松高裁は控訴棄却の判決を下した。この判決は、第一審判決のような「メモ的な記載」ではなく、「上来説明のとおり本件犯行の決定的証拠はN、A両証人の証言なることは論ずるまでもない。従って又両証人の証言の信憑性の如何こそ本件の結論を左右するものというも過言ではない」とした上で、二人の住み込み店員の証言が信用できる理由を、縷々《るる》、詳細に展開したものである。しかし、それだけに、この第二審判決も、茂子さんに不当な予断と偏見を抱いていたことを露骨に、かつ詳細に表明したものになっている。

例えば、先に述べた刺身包丁を投棄した証言の信憑性判断についても、「しかし、刺身包丁が、尚、投棄の場所に存在するとしても発見の能否は別個の問題で、右の如く発見できなかったからと言って、直ちに投棄の事実を否定できない」と、一審判決とまったく同様の趣旨を述べているのみである。また、廊下の足跡紋様から茂子さんの「心理状態の推測」をやってのけた警察官作成の実況見分調書の記載を、そのまま無批判に採用したりしている。

上告取下げとその後の劇的な展開

二審判決に対して茂子さんは直ちに上告したが、一九五八年五月一〇日、突然、弁護人にも相談することなく上告を取り下げてしまった。その理由は、裁判所、裁判官というものに対してほとほと絶望したことと、弁護士費用などの経済的な負担について、これ以上親族に迷惑をかけたくない、こんな裁判しか受けられないのなら一日も早く刑期を務め上げて出所し、自分の手で真犯人を見つけるのだ、との決意からであった。

しかし、上告取下げ・判決確定後に、事態は劇的な展開を示し始める。五八年七月八日、まずAが、先に法廷でした証言は偽証である旨の告白をし、続いて、一〇月九日、Nも偽証告白をするに至った。彼らはまず茂子さんの甥に対して偽証を認めたのだが、単にそのような一私人に対してだけではなく、いずれも徳島東警察署、徳島地方法務局人権擁護課といった公的機関に対し、茂子さんが犯人だとする証言は、偽証であることを明確に認めたのであった。

2　再審請求

「反省なき」模範囚

茂子さんは、獄中では「反省なき」模範囚であった。「自分は出獄してから主人の菩提を弔うと共に、真犯人を見つけ出すのだ」との立場から、獄中で再審請求を始めた。第一次、第二次、第三次請求については、徳島地裁はいずれも棄却した。

一九六八年一〇月一四日、第四次再審請求がなされた。茂子さんは、六六年一一月三〇日、栃木刑務所を仮出獄により出所しており、この申立ては茂子さんが出獄後初めて行った請求であったが、徳島地裁は、これについても刑事訴訟法四三五条六号(再審請求は、有罪となった者が、明らかに無罪と認められる新しい証拠を提出したときに認められる)に該当する事由なしとして棄却した。この間、NとAに対して偽証罪による告訴がなされたが、徳島地検は不起訴としていた。この不起訴処分に対して徳島検察審査会は「起訴相当である」との裁決をなし、検察に対して起訴するように勧告したが、徳島地検はそれでも起訴しなかった。もし二人を偽証罪で起訴し、二人が有罪になれば、刑訴法四三五条二号「原判決の証拠となった証言……が確定判決により虚偽であったことが証明されたとき」には再審を開始すべしとする規定により、茂子さんに再審が開始されることになってしまう。つまりは、検察は検察審査会の勧告を無視してまで、茂子さんの再審請求への道を徹底的に妨害したのである。

最高裁白鳥・財田川決定

再審を開始するかどうかに関して、従来の裁判例は、再審請求の際に提出すべき「無罪を言渡すべき明らかな証拠」として、「確定判決につき再審請求人申立の証拠のみによっても、再審裁判所をして右有罪の認定を覆して無罪の認定をなすべき理由明白なりと首肯せしむるに足りる証拠」が必要である、などと判示し(東京高裁一九五七年の決定)、再審開始を明白なアリバイが出てきたような特殊な場合に限定してしまっていた。これは実質的には、再審制度を「開かずの門」と化するものである、と批判されていた。

一九七五年五月二〇日、最高裁第一小法廷は、白鳥《しらとり》事件(一九五二年の警部射殺事件で、無期懲役刑が確定していた)の再審請求について、請求自体は棄却したが、再審法理に関する重大な判示をした。すなわち、

①再審の場合においても、「疑わしいときは被告人の利益に」との刑事裁判における鉄則が適用される。

②その判断のためには、新しい証拠と旧証拠の両方を総合して判断するとする総合評価説を採用すべきである。

と提唱したのである。

この白鳥決定の趣旨は、翌七六年一〇月一二日、同じ最高裁第一小法廷によって、財田川《さいたがわ》事件(一九五〇年の強盗殺人事件で、死刑が確定していた)についても適用されることとなった。しかも、白鳥決定が再審請求自体は棄却したのに比べて、財田川決定は、直接、新証拠の証明力に関わりのない範囲についても踏み込んだ判断を示した上で、再審開始につながる原判決破棄・差戻しの決定をした点に重要な特徴があった。

第五次再審請求

一九七八年一月三一日、茂子さんは第五次再審請求を徳島地裁に申し立てた。日弁連は、再審支援「指定第一号事件」としたこの事件について、七五年の最高裁白鳥決定の趣旨に添って、総力を挙げて再審開始を徳島地裁に求めた。私は、その年の一月、四月一日付けで徳島地裁に赴任するようにとの内示をすでに受けており、同年四月八日、徳島地裁刑事部に赴任した。

どこの裁判所にも、いつでも次々と新しい事件が押し寄せているものだが、徳島地裁にとってこの再審事件は特別の重みを持っていたようだ。戦後の徳島地裁において、このラジオ商殺し事件と、乳幼児に多くの被害者を出した一九五五年発生の森永ドライミルク刑事事件は、格別の歴史を刻んでいる。徳島の裁判所と言えばラジオ商殺し事件というくらいに、茂子さんの悲劇的なエピソードも含めてこの事件に対する国民の関心は高く、裁判所内でもこの事件について感慨深く語る職員もいた。私は、鋭意集中して、弁護人の再審申立書と共に、事件記録のあらましを同年七月初め頃までには一通り読み終えた。

当時の徳島地裁刑事部総括裁判官の安芸保寿裁判長は、もともとの徳島県人で、折り目正しい温厚な裁判長であった。職員と一緒に深夜までカラオケに付き合うくだけた一面も持っていたが、仕事には手を抜かない厳しい職人意識を覗かせる人であった。訴訟記録を丹念に読まれ、ご自分の単独事件の判決書は毛筆の楷書で一字一字丁寧に書かれる仕事ぶりが印象に残る。事実認定も丹念で厳格であり、量刑は全体的傾向として概して被告人に温情をかける裁判官であった。ある時代を生きる一人のインテリとして、「一人の独立した裁判官としての考え方」というものをきちんと持っておられた方だったと思う。

この安芸裁判長を中心として、徳島ラジオ商殺し事件の第五次再審請求の審理が開始された。以後、決定まで、安芸裁判長と私たち二人の陪席裁判官が、再審事件の全てを見つめ続けることになる。

不提出記録二二冊の開示

第五次再審請求審の早期の段階で、徳島地検は二二冊の「不提出記録」を開示した。ここに確定審公判では提出されなかった最初の被疑者、暴力団員のKに関する不起訴記録その他の関連記録が、再審請求の段階で初めて裁判官、弁護人の目に触れることとなったのである。

二二冊の不提出記録の開示は、これまでの審理においては隠されていた暗闇の部分を、くっきりと照らし出すものだった。この事件では、もともと確定記録中の実況見分調書に添付された写真が、調書中には「三四葉の写真を添付した」旨明確に記載されているのに、現実には「一八葉」しか添付されていないという、不可思議な事実があった。ところが、被疑者Kの不起訴記録中に、茂子さんたち家族が寝ていたシーツの上に「ラバーシューズの靴跡」が明確に認められるもの数枚を含めた数葉の写真が存在していたのである。

確定判決により認定された犯行は、被害者Sさん、妻の茂子さん、娘Y子さんの親子三人が寝ていた四畳半の間で行われている。事件当時九歳のY子さんは「覆面のおじさんが部屋に入ってきた」旨を法廷で明確に証言し、その点は茂子さんの供述とも合致していた。しかしこれまでの裁判所は、このY子さんの供述を「年少者の見聞の確実ならざることは当然」であるとして取り上げなかった。

しかし、「シーツ上に明確に印象された靴跡」の写真は、犯行現場に外部の犯人が進入していた事実を雄弁に証明している。検察はどうして、この写真を隠匿したまま茂子さんを犯人として起訴し、訴訟を進めたのか。そもそも、「六葉の写真」を実況見分調書から引き剝がしたのは、いったい誰なのか。これらの写真が、もし裁判所に提出されていたならば、茂子さんが犯人であるとする根拠は雲散霧消したのではないだろうか。この重大な事実が公判裁判所に明らかにされず、「六葉の写真」が欠落したままの実況見分調書が証拠として採用され、茂子さんに有罪が宣告されたのである。判決を下した公判裁判所は、調書上も明確な「六葉の写真の欠落」という重要な事実について、いったいどのように考えて判決したのだろうか。

茂子さんの死と決定書起案態勢

その頃、すでに茂子さんの身体は病魔に冒されていた。一九七九年一一月八日、茂子さんの姉弟妹四名により「茂子さんの心神喪失」を理由に第六次再審請求が申し立てられた。結果的にではあるが、裁判所を代表して茂子さんの最期を看取ることになったのは、この私である。一一月一三日、主任裁判官の私は首席書記官を同道し、茂子さんの入院している徳島市の病院に赴き、検察官、弁護人立会いの上で、主治医に対する所見の聴取と患者の様態に対する検証を行った。第六次請求の申立て要件（心神喪失状態）審査の必要のためである。

このとき茂子さんはすでに昏睡状態にあり、生と死の境をさまよっていた。その約一ヵ月前、弁護団の要請により裁判長はじめ検察官、弁護人らと共に病室を訪れたときは、茂子さんの意識はまだしっかりしていて、弁護団長や裁判長の手を取りながら「裁判長さん。私は無実です。よろしくお願いします」とうわごとのように繰り返していた。この何度となく裁判所に裏切られ続けた婦人が、最後まで裁判所に期待し無実を叫び続けたのである。無実の人は最後まで裁判所に期待し続けるしかない。「裁判所が信じられない社会」であってはなるまい。

しかし、一ヵ月を経過したこのときは、茂子さんはもはや物を言う体力はなく、ひたすらこんこんと眠るだけだった。痩せ細った横顔を見たとき、その横顔と二重写しに「シーツ上に印象された靴跡」の残映が重なった。もし、あの「六葉の写真」が引き剝がされていなければ、この婦人は別の人生を歩んだのかもしれない。しかし、二日後の同月一五日、奇しくも裁判所における証拠調べの日の夕刻、彼女はその人生を閉じた。第五次請求は茂子さんの死と共に終了し、以後、茂子さんの姉弟妹四人による第六次請求について、引き続き裁判所による再審事件の審理が続けられた。

八〇年三月二八日、弁護人、検察官の最終意見陳述が終わり、審理はいよいよ最終段階に移った。六月に入ると、徳島地裁は、私が担当する単独係への新件の配塡を一時完全に停止し、私は本格的な決定書作成にとりかかることになった。以後、日中は裁判所に出かけて担当事務の全てを在庁中に処理し、裁判所から帰宅後は深夜まで決定書起案にとりかかる毎日が続いた。決定書全体の構想ができ、本格的な起案体制に入ったのは七月も半ばに入ってからである。一つ一つの記録が裁判官用にコピーしてくれてあったので、自宅には全ての資料が整えられていた。本格的な決定書起案態勢に入ると、頭の中が事件のことだけで一杯になり、他のことは何も頭に入らない状態になる。それだけに、逆に事件に関する事柄である限り、次々と瞬時に頭にひらめくが、家族との対話は文字どおり「上の空」である。そんな状態が一カ月半くらい続き、八月末、どうにか決定書原案を裁判長に提出することができた。以後、決定書の細かい各事項の合議、タイプ印刷、決定書告知までの諸々の作業に入っていった。

再審開始決定と被告人なき無罪判決

一九八〇年一二月一三日、故冨士茂子に対する殺人事件について徳島地裁は再審開始決定をした。実に、茂子さんが亡くなって約一年後のことである。

この決定書は、従業員の少年NとAの供述の経過を全面的に分析し、それらの供述の変遷と物的証拠との対応関係や一、二審判決の説示などから、二人の供述が偽証であることには間違いがなく、茂子さんは無実である旨の結論を導いたものである。同時に、今は亡き茂子さんをはじめ、雪冤《せつえん》のために長い歳月を費やした家族や、冤罪に巻き込まれたNやAたちの心情を思いやり、再審裁判所としての感慨を率直に表明して決定書を締めくくった。

我が国では、冤罪被害を受け、国家の犯した誤りによって過酷な人生を強いられた当の本人やその家族らの気持が、誰かによって、きちんと取り扱われるシステムは、何も確立されてはいない。彼らの気持は、どこにもやり場のないものとして放置されたままなのが、常のことなのである。そもそも、冤罪であることが公式に明らかになったとき、我が国では、具体的な担当者や当該機関の最高責任者が、明確な謝意を表明したという例すら、私は寡聞にして知らない。不当な処罰を受け、その後半生の全てを冤を雪《そそ》ぐことのみに費やした茂子さん、自らの意志の弱さを恥じ、自殺まで図った住み込み店員Nとその家族など、この事件に現れた痛ましい人生の狭間を直視したとき、安芸裁判長以下裁判官全員、「粛然襟を正す」心境に到達したのである。

検察官は、再審開始決定に対して高松高裁に即時抗告をしたが、同高裁は抗告を棄却する決定をし、その後、徳島地裁で再審公判が開始された。そして八五年七月九日、徳島地裁が被告人不在の法廷において、その姉弟妹四名に対し「被告人冨士茂子は無罪」の判決を言い渡すことにより、この事件に関する全ての事態は収束した。事件発生後約三二年を経た後のことであった。

3　冨士茂子さん再審事件から学ぶもの

科学的・合理的判断は行われたか

徳島ラジオ商殺し事件は、犯罪被害者の妻に対して、検察が不当な嫌疑に基づく「見込み捜査」を展開して起訴し、しかも、それをチェックすべき裁判所がその期待されている機能を十分に果たすことなく、理由にならないような理由を付けて茂子さんに有罪を言い渡した、というケースである。いわば、司法全体が寄ってたかって、茂子さんを犯人に仕立て上げ、犯罪によって夫を失った被害者である茂子さんに、さらに「二重の被害」を加えたに等しい。このために、茂子さんだけでなく周囲にいた諸々の人びとに対しても、甚大な被害を与えている。

しかし、たとえ検察官の起訴が誤っていたとしても、審理する裁判官さえ慎重に科学的・合理的に判断する構えで審理をし、「疑わしきは被告人の利益に」との憲法上の原則に従って判決をしたならば、茂子さんがこれほどまでに苦しむこともなかった筈である。この事件における裁判官の事実認定は、通常、要求されている科学的・合理的判断というレベルからはあまりにも逸脱している。

例えば、確定判決は、茂子さんと夫Sさんとの「早朝の格闘」を認定しているが、それ自体、矛盾に満ちた経験則違反の認定としか言いようがない。すなわちSさんは、腹部、胸部など身体の枢要部について合計一一個の創傷を負っているのに、茂子さんは犯人とすれ違ったときに負ったと本人が述べている左脇腹の擦過傷以外に、身体の前面部には何らの創傷もなく、また、手や掌にも何らの防御創を負ってはいない。そもそも、Sさんは海軍軍人歴があって体格もよく、茂子さんの方は身長一五〇センチメートル以下の華奢な婦人なのである。このように体格のまるで違う夫婦が格闘し、夫だけが身に一一創の傷を負って殺害され、殺した筈の妻にはさしたる創傷がなく、事件後、警察官の事情聴取に応じているなどということは、およそ経験則上考えられない、まさに、あり得ないことなのである。

「実生活」に思いが致されたか

判決で認定された事実というものを、じっくりと自分の頭で繰り返し反芻するならば、そのような「事実」が現実にはあり得ないことに、ごく普通の市民は気付くことができる。これが職業裁判官の事実認定に換えて、一般市民で構成される陪審制度が提唱される理由である。

徳島ラジオ商殺し事件では、キャリア裁判官の行った事実認定の非科学性、日常の経験則にも根本的に違背する冤罪の構図が示されている。裁判官室や書斎で、あれこれと「机の上での考察」をすることだけなら、どのようにでも「絵」を描けるかもしれない。しかし、実生活に追われている一般市民は、しっかりと「現実」に立脚しながら「生活」というものと闘っている。裁判官のする事実認定は、この市民の実生活上の経験則や論理則というものをきちんと踏まえたものでなければならない。法廷における被告人の弁解をしっかりと聞き、その弁解の背後に存在する彼らの「実生活」に思いを致しつつ、一つ一つ真摯な思索を遂げ、事態と「人間」というものを洞察する「視点」を持ったならば、このような歴史的にも無惨な誤判は避けられたように思われてならない。

第四章　証拠の評価と裁判官

――袴田再審請求事件――

1 「見込み捜査」とマスコミ

袴田事件とは

袴田事件とは、一九六六年六月三〇日午前一時過ぎ頃、静岡県清水市で味噌工場を経営する専務一家(父、母、娘、息子)が惨殺され、その家に放火されたという殺人、現住建造物等放火の事件である。

事件発生後数日にして、味噌工場に住み込みで働いていた元プロボクサー袴田巌さん(当時二九歳)が犯人ではないかと疑われ、逮捕・勾留の上で強要されて作成された自白調書と、自らのパジャマに付着していたとする血痕を主たる根拠として、同年九月九日、起訴された。公判では袴田さんは終始一貫して犯行を否認したが、遂に強盗殺人、現住建造物放火の罪により死刑判決が確定した。袴田さんは、今もなお、無実を訴え続けて再審請求中であり、現在、東京高裁に再審請求即時抗告審が係属中である。

私が弁護人として関わっているこの事件は、法的には有罪判決が確定しているものの、判決がなされた直後から、裁判所の行った事実認定に対する疑問が各方面から指摘され続けている事件である。裁判官の事実認定の誤りを問題とする本書の趣旨に沿って、この事件を取り上げたい。

身柄拘束と自白の強要

袴田事件では、事件発生四日後にすでに、警察のリーク情報を無批判に信用したマスコミは、容疑者として「元ボクシング選手H」と報じている。袴田さんは、一九六六年八月一八日に逮捕・勾留された後、身柄拘束二三日を経て、九月六日付けで初めて警察官による自白調書を作成され、九月九日付けで今度は検察官に対する自白調書が作成された上で、同日、起訴された。しかし、自白調書は起訴後も作成され、その数は合計四五通に達している。

確定判決たる静岡地裁一審判決さえも指摘しているとおり、代用監獄となった清水警察署での取調べ時間は、毎日平均約一二時間で、最高一六時間にも及ぶものであり、排便も取調室の中で、複数の取調官の目の前で、おまるという簡易排便器を使って行わせるというすさまじい取扱いであった。静岡県警本部作成の捜査資料によっても、袴田さんの九月六日付け自白調書は、「犯人は袴田以外にはない、犯人は袴田に絶対に間違いない」という予断に基づく「確固たる信念」を抱いた警察官によって作成されたものであることが明らかとなっている。

マスコミによる予断の植え付け

我が国では重罪によって起訴される者は、長期間の身柄拘束の末に起訴されるのが通例であるが、大事件については概して、警察情報を流すマスコミの宣伝が先行し、一般市民は被告人とされた者に「強い予断」を抱いた状態の中で裁判が開始されている。

問題は、起訴された者の中に、誤った捜査による「無実の者」が存在することである。死刑判決が確定した後に、なおも無実を主張して再審を求め続け、また長年にわたる懸命な救援活動の結果もあってやっと再審が開始され、遂に無罪をかち取った事件としては、免田事件(一九四八年の強盗殺人罪、一九八三年に再審無罪)、財田川事件(前出)、松山事件(一九五五年の強盗殺人罪、一九八四年に再審無罪)、島田事件(一九五四年の殺人罪、一九八九年に再審無罪)の四つがある。この四事件をはじめ、日弁連が支援して再審・無罪が確定した事件だけでもすでに一一事件に達している。これらの事件はほぼ共通して、報道機関による「有罪判決」に毒され、被告人に対して予断・偏見を抱いた裁判官が判決を誤った事例である。

袴田事件でとりわけ問題となるのは、このときのマスコミの対応である。起訴直後の九月一二日付けのある全国紙静岡版には、支局長名による論評「科学捜査の勝どき」が掲載された。そこでは、「袴田の部屋から押収した血染めのパジャマ」が「科学的捜査の勝利」であり、「袴田は常人の物差しでは計り知れない異常性格者」「残忍な手口、状況証拠を突きつけられてもガンとして二〇日間も口を割らなかったしぶとさ。頑強さと反社会性とは犯罪者に共通した性格だが、袴田の場合は特に極端である」「(袴田は)情操が欠け、一片の良心も持ち合わせていない」などと断定している。「起訴された」というだけで、それまで何の犯歴もなかった袴田さんに対し、かくも苛烈な、それこそ全人格の否定にわたるような「新聞判決」が下されたのである。しかし、一マスコミが、何を根拠に、どのような確信があって、そのように大それた「新聞判決」を下すことができたのだろうか。

起訴当時、「科学捜査の勝どき」とまで持ち上げられた「血染めのパジャマ」は、その一年後には味噌工場のタンクの中からシャツ、パンツ、ズボン、ステテコなど「五点の衣類」が発見され、その結果検察官は急遽、冒頭陳述書を書き換えてしまった。すなわち、パジャマは「犯行着衣」ではなくなり、いつの間にやら証拠の「主役の座」から消えてしまうという有様であった。

「新聞判決」にはさしたる根拠もなかったことが起訴後一年にして明らかとなったのである。

2　公判過程の疑問点

「五点の衣類」の発見

検察官は冒頭陳述で、袴田さんが犯行の際に着ていたのは「パジャマ」である旨を主張し、自白調書にも同様の記載がなされていた。ところが、起訴後約一年が経過した一九六七年八月三一日、工場内の一号味噌醸造タンクの中から麻袋に入った「五点の衣類」が発見された。このため、検察官は直ちにそれまでの冒頭陳述を変更し、確定判決も、この「五点の衣類」が犯行着衣であり、かつ袴田さんの所有物である旨認定した。

このタンクは事件発生後、県警が捜索をした際には異状はなかったものであり、その後新たに味噌が仕込まれたが、その出荷作業中に「五点の衣類」が出てきたのである。

しかし、そもそも右のズボンは小さ過ぎて袴田さんの体格とは一致せず、控訴審における三回の検証(着装実験)の結果によっても、袴田さんはズボンを着用することができなかったものである。しかも、後述するとおりズボンの「端切れ」の発見過程には看過しがたい不自然な点があり、ズボンが袴田さんのものだとするには重大な疑問があった。

「五点の衣類」が袴田さんの所有物ではないか、あるいは犯行時の着衣と認めるには合理的な疑いが存在することになれば、袴田さんと事件の結び付きは断ち切られて有罪である根拠が何もなくなるというのが、この事件の証拠構造なのである。

「端切れ」の発見過程をめぐる謎

裁判官の心証の中で「五点の衣類」と袴田さんとを結び付けたものは、五点の衣類発見後に、すなわち起訴後一年以上も後に袴田さんの実家を捜索した結果、発見されたとする、「五点」に含まれていたズボンと同じ布地の「端切れ(共布)」であり、そしてただそれだけであった。しかし、この「端切れ」の発見過程には見過ごすことのできない重大な問題点がある。

第一に、検察官は、端切れが発見された一九六七年九月一二日より以前の「九月一一日」の時点で、すでに五点の衣類が犯行着衣であるだけでなく、袴田さんの着衣でもあると断定し、裁判所に証拠申請して期日の指定を求めている。すなわち、検察官は、端切れが袴田さんの実家で発見される以前に、すでに五点の衣類が袴田さんの所有物であると断定していたのである。

第二に、押収捜索を実施したI警部補は、九月一二日付け報告書の中で、この端切れについて、「同布きれは味噌工場タンクより発見された黒色ようズボンと同一生地、同一色と認められる」旨記載している。しかし、九月一二日現在では、五点の衣類は味噌タンクから取り出したままのゴワゴワの状態であって、とうてい端切れとズボンとが「同一生地、同一色」であると断定できるような形状ではなかったのである。

第三に、端切れが発見されたのは、六七年九月一二日午前八時一五分から一〇時三五分までの間である(報告書による)。ところで静岡地裁は同じ九月一二日に、突如として公判期日を翌日の九月一三日の午後二時と臨時に指定している。この事件のような、もし被告人が有罪なら死刑相当という重大事件で、証拠物の発見された翌日、直ちに臨時に公判期日が指定されるというようなことは異例中の異例である。

その九月一三日、第一七回公判が開廷されたが、記録によればこの日、検察官は、①冒頭陳述の訂正、②五点の衣類の取調べ申請をしている。一方、弁護人は五点の衣類の証拠申請に対しては「異議なし」として争ってはいない。しかし、被告人の意向を確認するなど、弁護人として当然の調査を遂げた上で、この期日指定を受け入れたのかどうかについては多大の疑問が残る。しかも、「五点の衣類」については、一週間後の九月二〇日付けでようやく正式の鑑定書が作成されている。さらに端切れとズボンの素材が「同一種類の生地と思われる」旨の正式の鑑定書が成立したのは同年一二月四日付けであり、九月一二日の時点では「同一の生地」との断定はできなかった筈なのである。

以上の経過から考えられるのは、端切れの発見は、警察そして検察にとっては、九月一二日以前の段階で、すでに「予定されていた」事実だったのではないかということである。

血液の付着方法の不整合

「五点の衣類」には血液が付着していたとされている。しかしその付着の仕方はきわめて不合理・不自然である。確定判決の認定によれば、四人の被害者は、①父(専務、血液型A型)、②妻(B型)、③息子(AB型)、④娘(O型)の順序で殺害されている。

しかしこの順序と、「五点の衣類」への血液の付着の仕方との間には、合理的に両立しがたい矛盾がある。すなわち、パンツからはB型血液が検出されているのに、その上に着用していたズボンとステテコにはA型しか付着していない。犯人は四名を殺害したのであるから、他の者の返り血も浴びる筈であって、ズボンにはA型の他に、B型、AB型、O型の血液もあってしかるべきなのに、それがないのである。さらに、娘のO型血液がズボンにもシャツにも検出されてはいないなど、疑問は尽きない。

これらの疑問に明確に答えていない限り、確定判決は初歩的な経験則を無視した上で成り立っているのに過ぎない「砂上の楼閣」と言われても仕方がないのではないだろうか。

3　確定判決と自白調書への疑問

一審判決に顕著な不自然・不合理

一審判決が認定したストーリーは、「被告人は、昭和四一年六月三〇日午前一時過ぎころ、
①金銭を強奪する目的で、
②五点の衣類を着用し、その上に雨合羽を着て、くり小刀を所持し、
③味噌工場から専務方裏口に立つ木に昇り、鉄道の防護柵(専務宅と工場・従業員宿舎は東海道線の線路をへだてて建っていた)を乗り越えて専務方の屋根に昇り、そこから中庭に降りて専務方に侵入し、
④四名の者をくり小刀で突き刺して殺害し、
⑤その後、金袋三個を強取し、
⑥裏木戸をくぐって工場内に戻り、五点の衣類を脱いでパジャマに着替え、
⑦三角部屋横においてあった石油缶から混合油を持ち出し、再び裏木戸を通って専務方に入

り、四名の死体に混合油を振り掛けてマッチで点火して放火し、
⑧その後、裏木戸から工場に戻り、
⑨前記の⑥以降の時期に、五点の衣類を一号タンクの中に入れた」
というものであり、このストーリーは袴田さんの一九六六年九月九日付け検察官調書の筋書きに沿ったものであるが、二審判決も基本的にこの認定を全て踏襲している。

しかし、この事件では、確定判決の事実認定自体が、以下に挙げるようにおよそ経験則から離れたものであると言わざるを得ない。

第一に、判決の認定では、真犯人は四人の人間と格闘し、これらを次々に刺し殺し、合計四〇カ所以上もの傷を負わせたというのであるが、袴田さんは、その顔、上半身、掌《てのひら》そのものには何らの怪我もしていない。確定判決では、「袴田さんが怪しい」理由として、わずかに「左手中指」に切り傷があることが理由とされているだけである。袴田さんは、この「左手中指」の傷は消火作業の際にトタン屋根のトタンで切った傷であると、当初からはっきり述べている。

逆に言えば、四人と格闘し、合計四〇以上の創傷を負わせた真犯人だと認定された袴田さんにこのような傷しかないことが、「袴田さん無実」の何よりの証拠となるのである。ことに、被害者の専務は当時四二歳で、柔道二段という屈強の猛者であったから、実際に格闘があった

のであれば、袴田さんがこの程度の傷で済む筈がない。

第二に、判決の認定に従えば、袴田さんが一人で、四人もの人間を一人ずつ刺し殺した、ということになる。そうすると被害者の一家四人は、深夜、自らの家に侵入され殺害されたのに、周囲の誰にも助けを求めることをせず、悲鳴も上げず、一人ずつ殺される順番を待って殺されていったことになり、あまりにも不自然・不合理である。

第三に、犯人が用いた凶器は「刃渡り約一二センチメートル」のくり小刀だというのであるが、この「くり小刀」で四人に判示のような傷害を負わせ殺害することはできるのか。このくり小刀は「目釘」もなければ「鍔《つば》」もない、味噌樽のケバケバを削り取る職人用の小刀であって、本来、人の殺傷に用いるにはあまりにも脆弱に過ぎる。もしこれを人の殺害に使用しようとしても、柄と刃体とがバラバラになりやすく、しかも血糊で手が滑り、手に無数の切り傷ができてしまう筈である。前記のとおり、袴田さんは、顔、掌などには何の怪我もない。このような「凶器」を用いて四人に四〇カ所以上もの創傷を負わせるのは、物理的に不可能である。

第四に、袴田さんは、証拠隠滅の目的で味噌樽に五点の衣類を投げ込んだというのであるが、八月一八日に逮捕されるまでの二カ月近く、さしたる不自然なところもなく悠然として味噌工場に住み込みで働いていたことになる。この行動は、五点の衣類を味噌タンクに隠匿したと認定された犯人の行動とは分裂しており、矛盾している。

「動機」の明確でない犯行

袴田さんが真犯人なのであれば、四名殺害の具体的な「動機」がある筈である。原一、二審判決は、袴田さんの動機は「専務方から売上金を強取せんとした」ことであると認定した。しかし、袴田さんの自白調書中の動機は二転三転している。当初は、①専務の妻と肉体関係があり、同女から「家を建て替えるキッカケを作るために家を焼いてくれ」と頼まれた旨自白していたが、その後、②「専務と妻とのことで喧嘩したことが発端である」と変化し、最後に、③「母と子供と三人でアパートを借りるための資金が欲しかった」と変転し、しかも変遷の理由に何らの必然性も認められない。袴田さんが、もし真犯人なのであれば、何故、動機に関してこのような虚偽の自白をする必要があったのか。

他方、袴田さんは常日頃、専務を「大将」と呼んで懐いていた事実が、他の証拠から明らかとなっている。また袴田さんも、自ら作成した上告趣意書中で、「もし自分が専務宅に金員強取の目的で侵入するというのなら、専務のいない時期を狙って入る筈である」と明確に述べている。袴田さんは、専務宅の住み込み従業員であり、勝手を知った家であるからである。

行き場のなくなった「パジャマ」

袴田さんの自白調書では、犯行時の着衣は「パジャマ」であったと記載されている。したがって、五点の衣類が犯行着衣だとすると、自白調書は明白な虚偽記載ということになる。このパジャマは、事件直後の捜索で発見され、これが犯行着衣ではないかとの予断の下に、血痕や放火の油の付着の鑑定に付され、その結果、袴田さん逮捕の決め手となった重要な証拠である。しかし、「五点の衣類」発見以後、パジャマは犯行着衣の「主役の座」から下ろされた。いったい、捜査段階から冒頭陳述、そして公判で、袴田さん犯人説の根拠として「血染めのパジャマ」と堂々と主張されていた「パジャマの血痕」はどうなったのか。

しかも、確定判決の認定によると、袴田さんは殺害行為までは五点の着衣で、その後わざわざパジャマに「着替えて」放火行為をしたということになった。これ自体あまりにも不自然な認定ではないだろうか。そのとき犯人が「着替え」をする必然性については何も説示されてはいないのである。しかし、そうなると、今度は、自白調書中でパジャマを目立たなくするために着用したとされた「雨合羽」はどうなるのだろうか。血染めであったために、事件後二度もパジャマを洗濯したという自白調書中の「話」はどうなったのだろうか。これらの数々の疑問や矛盾を、確定判決は全て無視してしまっている。

「取調べ経過」の詳細な認定と捜査批判

一審判決は、被告人の自白調書四五通のうち、四四通については証拠能力を否定して一部排除決定をしたが、他方、その当時なされた捜査が、いかに被疑者、被告人たる者の人権を無視したすさまじいものであったかに関する事実を詳細に認定した上で、以下のような異例の付言を呈している。

「……本件の捜査に当って、捜査官は、被告人を逮捕して以来、専ら被告人から自白を得ようと、極めて長時間に亘り被告人を取調べ、自白の獲得に汲々として、物的証拠に関する捜査を怠ったため、結局は、「犯行時着用していた衣類」という犯罪に関する重要な部分について、被告人から虚偽の自白を得、これを基にした公訴の提起がなされ、その後、公判の途中、犯罪後一年余も経て、「犯行時着用していた衣類」が、捜査当時発布されていた捜索令状に記載されていた「捜索場所」から、しかも、捜査官の捜査活動とは全く無関係に発見されるという事態を招来したのであった。このような本件捜査の在り方は、「実体的真実の発見」という見地からは勿論、「適正手続の保障」という見地からも、厳しく批判され反省されなければならない。本件の如き事態が二度とくり返されないことを希念する余り敢えてここに付言する」

この判決は、弁護人の弁論にも勝るほどの激しさで厳しく捜査を批判し、作成された自白が虚偽である旨指摘し、「犯行時着用していた衣類」に関する疑問を提示した上、捜査官の実体的真実義務違反、適正手続違反を指摘して、「本件のような事態が二度と繰り返されてはならない」と厳しい警告を発しているわけである。

しかるに、「二度と繰り返されてはならない」と捜査の違法を弾劾した一審判決は、その舌の根も乾かぬうちに、なぜか一転して袴田さんに死刑を言い渡すことをためらわないのである。

自白調書をめぐって

一審判決は、袴田さんに対する違法な取調べ経過を詳細に認定した後、①九月六日に初めて自白するまでの被告人に対する司法警察員の取調べは、「被告人の自由な意思決定に対して強制的・威圧的な影響を与える性質のものであり」、「かような取調べの結果ないし取調べの影響のもとでなされたことが明らか」な、九月六日から一〇月一日までに作成の二八通の警察官作成の供述調書の任意性を否定し、次いで、②九月一〇日付け以降の一六通の検察官調書についても、起訴後の取調べであるため憲法三一条の適正手続を欠いており、強制の処分を禁ずる刑訴法一九七条一項但書にも違反することを理由に、職権で証拠から排除した。しかしその上でなぜか、③ただ一通の九月九日付け検察官調書のみ、任意性のある自白と認めている。

しかし、九月九日に作成された自白調書は、この検察官調書一通だけではなく、他に警察官作成によるものが二通存在している。同じ日、同じ清水警察署で作成された、三通の供述調書のうち、どうしてこの検察官調書一通だけに証拠として採用するに足りる任意性を認めることができるのだろうか。

これについて一審判決は、「①右取調べについては、司法警察員を立ち会わせていないこと、②九月八日の取調べの際には、「警察と検察とは違うのだから検察の取調べには警察の調べで述べたことにはこだわらなくていい」旨注意して取調べを行ったところ、被告人は「私がやりました」と述べたこと、③九月八日、九日の取調べは司法警察員作成の自白調書を参考にして取調べたのではないし、取調べの際に机の上に置いていたのでもないことが認められるから、検察官調べについて、警察官の取調べが強い影響を及ぼしたのではないこと。また、検察官の証言によっても、被告人が述べるように、検察官がどなったり、机を叩いたり脅かしたりしてはいない、ことが認められる」として、「任意性を疑わしめる事実はない」と述べている。

しかし、この自白調書も、その内容を見るならば、それまでの司法警察員調書の内容を概括的にまとめて作成されたものに過ぎないことは明らかなのである。しかも取調べの場所は、「違法な取調べ」の行われた同じ清水警察署であり、かつ、時間的にもきわめて近接している。この一通の検察官調書についてだけ自白の任意性を認めるというのなら、少なくとも、「違法な取調べ」である警察の捜査とは、時期的、場所的、状況的に隔絶したものであることが要求されるのではないだろうか。

4　再審請求審での新証拠

再審請求審で弁護団は多くの新証拠を提出しているが、そのうちの一部を取り上げたい。

浜田鑑定書

心理学者である浜田寿美男教授（花園大学）は、袴田さんの自白調書を詳細に分析した「袴田事件における自白の心理的供述分析による鑑定書」を一九九二年一二月九日付けで再審請求第一審の静岡地裁に提出した。

この浜田鑑定書は、袴田さんの自白調書四五通について、①その供述の変遷は、真犯人の嘘が暴露されて行く過程としては理解し得ず、無実の被疑者が捜査側の示唆・追及の下に供述を変遷させたものとしか理解し得ない、②右の自白には、袴田さんが本件犯罪事実を知らないことを明白に暴露する関係にある(無知の暴露)、③よって袴田さんの四五通の自白調書は、単に信用できないというだけでなく、かえって積極的に袴田さんが無実であることを立証する関係にある、ことを心理学の立場から詳細に分析したものである。

浜田教授は、科学的・心理学的な理論と手段にのっとり、供述の流れ、すなわち四五通全ての供述書を「供述の起源」と「時間の経過」とを着眼点として整理し直す膨大な作業を行った上で、第一、二審判決による自白の信用性判断の問題点を指摘しており、この鑑定書は再審請求審での貴重な新証拠となろう。

「無知の暴露」の概念

その者が真犯人であるならば、自己の体験・記憶を正直に語った自白の中には、それによって初めて事実が詳細に明らかになるような「何か」が必ず含まれている筈である。これが、いわゆる「秘密の暴露」である。逆に、無実の者が、捜査官による追及にあって悩みに悩んだ上、自ら「犯人になって」想像で語った自白には、その自白内容自体の中に、その当人が事件のことを何も知らないという兆候が表れる。それは「犯罪非体験者」が想像だけで語ることの限界を必ず露呈することになるからである。これを浜田教授は「秘密の暴露」の対となる概念として、「無知の暴露」と名付けている(浜田寿美男『自白の心理学』岩波新書、二〇〇一年)。

浜田鑑定書は、袴田事件における袴田さんの自白調書が露呈した「無知の暴露」の典型として、以下の三つを指摘する。

「無知の暴露」① 甚吉袋と白い布小袋　袴田さんは、九月七日付け調書の中で「甚吉《じんきち》袋(金袋)そのもの」を奪って逃げたと供述している。しかし、実は甚吉袋の中には、さらに「布小袋」があって、それにお金が小分けされていたのであり、紛失したのは「甚吉袋」ではなく「布小袋」であった。つまり袴田さんは、そういった客観的事実を知らなかった。ところで、もし袴田さんが真犯人であるとするならば、絶対にこの事実を知らない筈はないのである。しかも、奪ったものが甚吉袋であるか、布小袋であるかは、袴田さんの刑事責任の軽重には直接の影響を及ぼすものではないから、犯行を認めておきながら殊更にこの点についてだけ嘘をつく理由はまったくない。すなわち、真犯人の思い違いなどの無意識的な嘘でも、真犯人の犯情を軽くするための意識的な嘘でもありえない。したがって、袴田さんは、甚吉袋の中には布小袋があったことを知らなかったとしか理解することができない。

「無知の暴露」② 強取した金の額と種類　袴田さんは、奪った金の額と種類を自白している。ところがその後、清水郵便局で清水警察署宛ての現金入り封筒が発見されたが、その現金は、袴田さんが自白した金額、種類とが決定的なところで一致してはいない。これは、袴田さんが清水郵便局で発見された現金の中身について、「無知」であったためである。袴田さんは、「金を奪った」犯罪体験者ではない。すなわち、袴田さんは無実なのである。

「無知の暴露」③ 死体の位置　袴田さんは、四人の被害者を殺傷した状況についても、繰り返し修正を加えながら自白している。しかし、四人の被害者のうち、特に娘に対する殺傷場面の自白には、不自然・不合理な点が多い。すなわち、袴田さんは、現場検証での死体位置と同一場所で娘を殺傷したと自白している。しかし娘の寝ていた部屋の布団の上には、多量の血痕が付着しているのに、死体の下にはさほど血痕の付着は見られない。つまり娘は布団の上で刺されたが、その後自力でのちに発見された位置まで移動した可能性が高いのである。

これは、袴田さんが、取調官からの情報によって死体の位置を知らされてはいたものの、実際に娘を刺した位置については「無知」であったこと、すなわち、ここでも袴田さんは「犯罪非体験者」であったことを物語っている。

しかし、再審第一審の静岡地裁は、その決定の中で浜田鑑定書については、「鑑定人からすれば請求人の自白中の供述の変遷等が、真犯人の供述の変遷等とは理解できないというだけであり、「無知の暴露」も、自白調書の中から事実と食い違う供述を取り出し、これを真犯人の嘘と解することは鑑定人には理解できないと言うに過ぎない」として採用しなかった。その当否が抗告審・東京高裁で争われている。

袴田さんの獄中書簡

袴田さんは、三〇年間以上にもわたり、拘置所内から母親、兄、姉らの親族宛てに手紙を出し続けていた。これらの手紙は、後日、裁判の資料として利用されることを前提として書かれたものではなく、最も親しい親族宛てに、その時々の自分の気持・考えを正直に吐露したものであり、当時の袴田さんの心情・本心を表す貴重な資料である。再審弁護団は、これらの書簡について次の三つの観点から分析を行い、即時抗告審補充書として提出した。

①親族に対する優しさ、いたわり、感謝の意思の表明(袴田さんの人格証拠)。

②裁判所・裁判官、検察官及び弁護人に対する思い（地裁判決前までの裁判官に対する絶対的信頼と検察官に対する反発、その後の裁判所に対する著しい不信感の増大など）。
③無実であることを示す記述（浜田鑑定書のいう「無知の暴露」、さらに袴田さんを真犯人とみなすには不合理・不自然な事実の指摘）。

袴田さんは、一九八三年二月八日付けの日記の中で、自分の息子にこう語りかけている。

「……息子よ。どうか直く清く勇気ある人間に育つように。すべて恐れることはない。息子よ。お前が正しい事に力を注ぎ、苦労の多く冷たい社会を反面教師として生きていれば、遠くない将来にきっとチャンは懐かしいお前の所に健康な姿で帰って行くであろう。そして必ず証明してあげよう。お前のチャンは決して人を殺してはいないし、一番それをよく知っているのが警察であって、一番申し訳なく思っているのが裁判官であることを。……（以上、原文のまま）」。

袴田事件が我々に語りかけるもの

元プロボクサー袴田巌さんは、今、確定死刑囚として東京拘置所にいる。彼は、長年の拘禁生活により、拘禁症精神障害を患っている。東京拘置所による判断では「幻覚妄想状態」ではあるが「当所において治療可能」だとされている。長期にわたる拘禁生活とその間に日常的に襲ったであろう死刑執行に対する恐怖は、現在では彼から正常な精神生活を営む活力をはぎ取り、数年来、肉親や弁護団との面会も拒否する状況になって今日に至っている。

袴田さんは、事件発生後五日目にして確たる証拠もないままに強盗殺人・放火の真犯人と決めつけられ、以後、逮捕・勾留中、一日に優に一五、六時間に及ぶ取調べを受け、自白を強要され、そして、起訴された。捜査段階で弁護人が選任されていたが、三人の弁護人は合計三七分間しか本人と接見してはいない。

無実の者が処罰されてはならない。ましてや、無実の罪で人が死刑に処せられてよいわけは絶対にない。しかし、袴田さんは逮捕された六六年八月一八日以来、ひたすら無実を叫びながらもいまだに東京拘置所に繋がれており、死刑判決とその執行の重圧・恐怖とは彼の魂を痛々しいまでに苛み続けている。

この確定裁判の誤りを明らかにし、袴田さんを一日も早く獄舎から解き放ち、実社会に迎え入れることができるのかどうか。このことは、我が国が果たして健全なる司法を有する「文化国家」なのかどうか、世界の各方面から見つめられていることでもある。

第五章　「犯罪事実の認定」とは何か

——長崎（痴漢冤罪）事件——

1　長崎事件について

痴漢と冤罪

昨今、混雑した通勤電車の中で卑劣な痴漢行為を働く者が絶えない現実がある。悪質な痴漢行為があったときに、その犯人を断固として処罰すべきことを否定する人はいない。問題は、不特定多数の乗客の中から痴漢の真犯人をどのように確定できるのかである。

従来、痴漢行為に対しては、被害を受けた女性が我慢したり、また、たまに捕まっても警察官により注意されるくらいで済まされていた。しかし、「痴漢は犯罪である」という社会の認識が進むにつれ、一九九六、七年頃から、警察庁は「痴漢撲滅キャンペーン」を広く市民に対して呼びかけるようになった。ところがこの、痴漢犯人を逮捕・勾留し、起訴するという方針が、仮に被疑者が否認していても、他に何の補強証拠がなくても運用されるとき、大きな問題が生じてきた。被害者女性が犯人を誤認した場合である。すなわち、数多くの「痴漢事件」の中には、女性の「勘違い」や「思いこみ」で無実の者が痴漢と間違われる、新しいタイプの冤罪が発生してきたのである。

「痴漢被害の有無」についての事実認定、すなわち、①痴漢行為の有無、②痴漢犯人の特定、にはきわめて困難な問題が伏在しており、痴漢行為を理由に起訴された被告人に対し、二〇〇〇年から二〇〇一年にかけて合計一一件に及ぶ無罪判決が言い渡されている。現在、「やってもいないのに犯人にされて起訴され、しかも裁判で有罪判決が言い渡されるケース」は跡を断たず、深刻な社会問題となっている。

裁判官はなぜ誤るのか。これを、「長崎事件」を素材に考えてみたい。

ある日突然に

一九九七年一〇月一日、サラリーマンの長崎さんは都心にある勤務先に向かうため、いつものように電車に乗車した。ところが、長崎さんは車内で前に立っていた若い女性から突然大声で怒鳴られた。痴漢に間違えられたのである。しかし、長崎さんはあまりに突然のことで何を言われたのか分からず、混雑した電車の中で自分が手に持っていた鞄が当たったのではないかと思い、その女性に「すみません」と謝罪した。しかし興奮した女性は車内で長崎さんのネクタイを摑み、終点の駅に着くと長崎さんを駅員室に連れて行こうとした。長崎さんは自分が何もしていないのに、なぜこの女性は自分を駅員室に連れて行こうとするのかまったく分からなかった。そのために長崎さんは、駅員室に向かう途中、女性に「私は何もしていないですよね」と問い掛けた。駅員室に着くと、ほどなくして警察官が来た。警察官は「何もあなたを逮捕するわけではない」「ここでは鉄道会社の邪魔になるので」と言って署への同行を求めた。長崎さんは結局これに応じて署に赴いたが、そのまま二一日間にも及ぶ身体拘束を受けることとなる。

　署に着くと警察官の態度は豹変し、「お前がやったことは分かっている」「ふざけるんじゃねぇ」「さっさと白状しろ」などと、最初から長崎さんを犯人と決めつけて自白を強要し始めた。しかし、このような脅迫的取調べがあっても、長崎さんは無実を訴え続けた。捜査側は遂に長崎さんの自白調書を作成することができなかった。

　長崎さんの逮捕直後から弁護団が結成され、警察、検察、そして裁判官と面談したりして、長崎さんの無実を主張し、身柄の釈放、不起訴を求めた。しかし、捜査機関は女性の供述と杜《ず》撰《さん》な繊維鑑定しか証拠がないのにもかかわらず、一〇月九日、長崎さんを「公衆に著しく迷惑をかける暴力的不良行為等の防止に関する条例」(以下、「迷惑防止条例」と略称)に違反したとして起訴した。そして、長崎さんの必死の無実の主張に対し、一審、二審は女性の供述のみを証拠として有罪判決をしたのである。私は上告審弁護団の一員としてこの「痴漢冤罪長崎事件」に関わることになった。殺人事件などの重大犯罪ではないところに、逆にこの冤罪の恐ろしさがあり、それは一般市民にとっては、誰でも、いつ自分の身に降りかかってくるかもしれない性質の事件であって、決して他人事ではないというところにあるのだと痛感している。そのため、裁判の争点をやや詳しく述べることをお許しいただきたい。

裁判の争点

第一に、長崎事件の大きな特徴は、有罪の証拠が乏しく証拠構造がきわめて脆弱であることである。目撃者はいない。被告人の自白もない。検察官が被告人の有罪立証のために提出してきた証拠は、被害者の下着の繊維と長崎さんの手に付着していた繊維とが「きわめて類似していた」とする警視庁科学捜査研究所の鑑定と女性の供述との二つだけであった。

このうち、繊維鑑定の信用性については第一審の段階で早々と決着がついた。弁護人が依頼した専門家の証言によって、被害者の下着の繊維は長崎さんの手についた繊維の一・五倍の太さがあり、両者はまったく別物であることが判明したのである。そのため、検察官提出の繊維鑑定は有罪の証拠とすることはできず、結局、第一、二審を通じて被害者の供述と長崎さんの供述の信用性いかんが基本的な争点となった。

第二に、被害者は犯行中の犯人の顔も、痴漢行為を働いていた手も見ていない。被害者は犯人の触っている手の感触のみで、そのとき自分の左横にいた長崎さんを犯人として特定した。したがって、被害者の供述では、①まず、触覚だけで犯人を特定できるのか、②被害者の供述が信用できるのか、が争点となった。

第三の争点として、長崎さんが被害者により逮捕された直後と、駅構内を歩いているときの合計二回、被害者に対して「すみません」と声をかけたことがある。長崎さんが二回「すみません」と言ったこと自体については、長崎さんも被害者も争いがない。問題は、なぜ、「すみません」と言ったのかである。

検察官は、この「すみません」の二回とも長崎さんが痴漢行為をしたことに対する謝罪の意味であると主張した。それに対して弁護人は、最初の「すみません」は、体が被害者の体にぶつかるなどしたので被害者が怒っていると思って謝罪したのであって、「痴漢行為」に対してではない。二回目の「すみません」は、被害者を呼び止めて話をしようと思い、呼びかけの意味で使った「すみません」であり、謝罪の意味ではないと主張した。

また、長崎さんは、駅構内を歩いている途中の柱の側で、被害者に対し「私は何もしていないですよね」と声をかけた。被害者は、このとき長崎さんが使った言葉は「お金ではいけませんか」という言葉だったと供述している。したがって、この点に関する両者の供述はまったく対立している。そのために公判では、長崎さんがこの柱の側で何と言ったか、またこのことに関して長崎さんと被害者の供述とのどちらが信用できるかが第四の争点になった。

検察官は、被害者が偽証する理由がないこと、被害者の証言は真摯で信用性が高いこと、長崎さんの言い分は不自然であることなどを理由に、長崎さんが痴漢行為について「金銭での解決」を持ちかけたと主張した。それに対して弁護人は、当時、駅の構内の騒音は七〇デシベルを超えていて、被害者が長崎さんの発言を正確に聞き取ることは不可能だったこと、加えて被害者の供述は思いこみが激しく、被告人の発言や態度から短絡的に被告人の言動を金銭解決の提案であると思いこんでしまったものであると主張した。

2 有罪判決の論理と問題点

一審判決

簡易裁判所での一審判決の要旨は、次のようなものであった。

(1) 女性は痴漢らしき人が下半身を押しつけてきて体を密着させて離れることなく、太股を着衣の上から左手で撫でるような感じがした、やがて手が太股の中に入ってきた、その手が陰部にまで伸びて陰部の上で指を折り曲げるように動かされた、などと証言しており、犯人を誤認する余地はない。また、まったく面識もなくたまたま同じ電車に乗り合わせた被告人をことさらに犯人に仕立て上げることも、とうてい考えられない。

(2) 女性が「何すんや。痴漢や。するな」と大声を発して以降、被告人が犯行について発言したのは、二回の「すみません」との発言と、降車後事務室に至る途中の柱の陰での「私は何もしていないですよね」との発言のみである。

通常、若い女性に混雑した電車内で大声で怒鳴られて、その理由が理解できないのであれば、その理由を尋ねるであろうに、何ら理由を尋ねることなく「すみません。すみません」と発言しているのは、謝罪の意味としか解されない。下車後、初めて「私は何もしていないですよね」と犯行を否認する発言をしているのも、あまりに時間的に遅く、作為的である。しかも被告人は女性が可哀相だと思ったからであるとその理由を述べているが、不自然でとうてい信じられない。これに反して女性の証言は具体的であり、屈辱的痴漢行為の被害を受けた若い女性の迫真の発言、行動として十分信用できる。

(3)なお、弁護人が問題としている繊維関係の鑑定の結果は、結局不明というものであり、裁判所も事実認定の根拠として採用していない。

二審判決

長崎さんは、もちろん控訴したが、東京高裁での二審判決も、次のように長崎さんの主張をしりぞけた。

(1)自分の左側付近にいた人物から痴漢行為を受けたという、女性の証言は認められる。

(2)女性の証言は、当初は痴漢かどうか曖昧だったが、途中で痴漢だと確信し、陰部にまで触られるに及んで被告人をつかまえたとしており、相当の注意を払いつつ犯人を見極めようとしていたことが分かる。被告人が女性の左側の接近した位置に立っていた事実は、女性の証言を補強している面がある。ゆえに、女性の証言はそれ自体信用性が高い。

(3)犯人が被告人であることを推認させると共に、女性の証言の信用性を強く補強する重要な間接事実が複数存在する。

まず、電車内での「すみません」の発言は、女性が卑猥なことをやめてくれとの趣旨で大声をあげたことに対応して言われたものであることは明らかであり、次に、駅で「すみません」

と声をかけたことは謝罪の趣旨と解釈するのが合理的である。そうすると、被告人は重ねて女性に対して謝罪の意味を持つ「すみません」との言葉をかけたのであるから、痴漢をしていたのが自分であることを認めたとの推認がいっそう強まるのは当然である。

(4)駅のホームでは、女性に対して金銭で解決したい旨を口にしたことが認められる。痴漢行為をしていないとするとこのような言葉を口にすることはほとんどあり得ないことであるし、これら一連の言動はすべて被告人が犯人であることを指し示している。念のため、他の乗客について考えてみても、仮に他の乗客が痴漢行為をしたならば、女性の左側に立っていた被告人がこれに気がつかないはずはないので、そのような可能性も乏しい。

一、二審判決の問題点

以上二つの判決は、女性の供述が、①具体的、②詳細、③自然的、④合理的で信用できる、ので「痴漢行為」と「痴漢犯人の特定」の犯罪事実を認定できるとして長崎さんを有罪としている。

しかし、この四つの判断基準は、有罪認定のための「必要条件」ではあっても、「十分条件」ではない。すなわちこの四つのうちの一つでも欠けたら、その供述は「具体的でない」「詳細でない」「自然でない」「合理的でない」ものとなって、信用性がないか、あるいは信用性がきわめて弱いものとなってしまうという性質のものであり、この四点さえ確認できれば済む、というものではない。

この事件のような場合、「痴漢被害の内容」それ自体は複雑なものではないから、この「被害内容」とそれが被告人によってなされたということを、当の女性が「具体的に」「詳細に」「自然なように」「合理的らしく」供述することは、それほど困難なことではない。まして、それが「思い違い」であってみれば、この四つの基準を満足させるように「迫真性」をもって法廷で供述することは容易なことである。

また、証人となる者は、いったん捜査側、訴追側と共同して被疑者・被告人を訴追する方向で動き始めた以上、「みんなが動いているから後戻りはできませんよ。ここでやめたら、逆に貴方が訴えられてしまいますよ」「国に任せてください」などと説得され、もはや動きが取れなくなっていることが多く、その意味では、訴追者たる検察官の完全なネットワークの下にあると言える。

要するに、一人の被害者の供述だけから、物的・科学的証拠の補強もないままに、それが「真実に合致した供述」なのか、あるいは、「思い違い」なのかを見分けたりすることは、「神ならぬ」人智のとうてい及ばないところなのである。すなわち、その供述内容がいくら「具体的で」「詳細で」「自然的で」「合理的で」あったとしても、それが「合理的な疑いを超える程度の証明」原則から見て真実であることを証明するのは、そもそも不可能なのである。

実務上、このことがあたかも可能なように考えられて、「一人の女性の証言」だけで有罪にしているのは、その実は、裁判官が「合理的な疑いを超える程度の証明」ということのレベルをきわめて低いものに押し下げてしまっているからである。すなわち、「反対事実の存在を許さないまでの確実性」を持つまでには立証されてはいないから、本来「証明不十分」として無罪にすべき事件を、無理矢理、あえて有罪方向に割り切って「処理」しているだけなのである。痴漢冤罪が数多く発生していることの陰には、こういう裁判の側の条件が考えられる。

二審判決の補強証拠の問題

二審判決は、「痴漢犯人の特定」について、被害者の供述には、

①被害者と被告人とが同じ電車に乗り合わせて、両者は接近した位置関係にあった事実

②被告人が二回「すみません」と言った事実

③被告人が「お金ではいけませんか」と言った事実

の三つの補強証拠があると述べている。

まず、①の「両者が接近した位置関係にあった事実」は、この客観的状況がなければ、そもそも被害者の供述にはまったく信用性がなくなってしまうので、必要条件ではある。しかし周囲には他に不特定多数の乗客がいてきわめて間違いやすい客観的状況にあった。そうすると、被害者の供述だけでは「合理的な疑いを超えて証明」しているとは言えず、したがって、十分条件とはならない。

次に、②で判決は、長崎さんの二回の「すみません」発言を、一方的に「痴漢行為に対する謝罪の意味である」旨認定している。しかし、このような認定は、被告人の発言や言葉を事実認定に用いる際の過去の最高裁判例に照らしても明らかに間違っている。

例えば、一九六三年、最高裁第一小法廷での松川事件再上告審では、検証の際の被告人の「失言」について、「(被告人が)どんな気持ち或いは趣旨で、その発言をしたのかについては検討を要する」と、「犯人たることの自認と見る以外の見方が成立し得る余地」を認めている。また、一九八二年の「大森勧銀事件」決定の中でも、「被告人の言動については多義的な解釈を容れる余地がある」として、「被告人の一言半句」を捉えて、これを有罪方向の証拠として用いることを厳しく戒めているところである。

さらに、③は、被告人が「お金ではいけませんか」と発言したとする事実を被害者の供述によって認定している。しかし、被告人はこの発言を否定しているのであり、被害者の聞き間違いである可能性がある。一方、この証言を補強する証拠は何もなく、結局、「合理的な疑いを超える程度の証明」はなされていない。しかも、それ以後の一連の経緯を総合しても、被告人がそのような「金銭での解決」に持ち込むような人間なのかどうかについては、これを否定する証拠は多々あるにもかかわらず、「合理的な疑いを超える程度に証明」したと認めるに足りる証拠は存在しない。

ここでも、裁判官に対して、「疑わしきは被告人の利益に」原則を守っているのかどうかが問われている。

「繊維鑑定」の証明力

長崎事件では、検察官は繊維鑑定という物的・科学的証拠を提出した。この繊維鑑定は、「被害者供述」を強力に裏付けるための補強証拠として提出されたものであり、もし仮にその「同一性」が証明されたならば、犯罪事実が「合理的な疑いを超える程度」に証明できる関係にあった。

これに対し、弁護側は、繊維の専門家を証人に立てた上で全力を注いで立証活動を行った結果、「被告人の指から採取された繊維」と「被告人が触ったとされた被害者の下着から採取された繊維」とは「同一性のない別物」だということが立証され、この繊維鑑定は補強証拠の役割を果たすことができなかった。言い方を換えると、長崎さんの手のひらには、「被害者の下着から採取された繊維」と同一の繊維の付着はなかったことが明らかになったと言うことができ、このことからも長崎さんは大きく無罪の方向に近づいたと言える。

しかし、一審、二審判決は共に、繊維鑑定の結果を事実認定の証拠としては採用することなく、被害者の供述のみで被告人に有罪を言い渡した。もし、この繊維鑑定を証拠として採用し、その内容を仔細に検討したならば、被告人無罪につながる可能性があった筈なのである。弁護側としては、「合理的な疑いを超える証明」阻止のための最大のポイントとして、繊維鑑定の証明力減殺に全力を尽くしてきた。だが一、二審判決は、繊維鑑定で同一性が立証されなくても、「被害者の供述」のみで有罪を認定できるという。まさに被告人・弁護人の防御の成果は帳消しにされたわけである。

3 「痴漢冤罪」はなぜ起こるのか

痴漢行為は許すべきではない。しかし、痴漢冤罪を生み出してはならない。以下では、被害を受けることの多い女性の側の実感も含めて、司法の立場から、痴漢冤罪に関わる問題点に触れたい。

痴漢犯人を特定する場合

痴漢行為が露骨で、当初からその行為が眼前で繰り広げられている場合や、回避しても拒絶してもなお露骨に継続するために、被害者女性がきちんと確認できるような場合には、痴漢犯人の特定に格別の問題はない。

しかし、痴漢行為が「目」で確認できない場合、女性はどのようにして痴漢犯人を特定するのであろうか。痴漢被害に遭遇したことのある女性弁護士の言によれば、怪しいと感じる人、生理的に反感を感じる人をすぐに痴漢犯人だと思ってしまうことがある、という。それは、女性としては瞬時に身を守る必要性があることや、誰でもが痴漢犯人になり得るような混雑状態の中では確認のしようもないから、ごくありがちの反応だというのである。しかし、女性がその男性を痴漢犯人だと感じたとして、それがその女性にとっての「真実」とはなっても、それがそのまま客観的真実であるとは限らないという可能性が司法関係者によって忘れられてしまうとしたら、恐ろしいことである。

被害者の供述

痴漢に限らず、被害を受けた場合にそれをはっきりと伝えることは、市民として必要なことである。その一方、被害を訴える女性たちも一様ではない。

被害者の供述は、広い意味での目撃供述の一種であるが、現行犯的ではあっても、正確な意味では現行犯人とは言えない場合がある、という特徴がある。さらに、この「目撃供述」には往々にして主観性が強く働く。被害者が、「現場」それ自体を見ていなかったとき、すなわち、正確には「誰の手」かを見ていなかったときには、主観や憶測の入り込む余地が生じる。

またいったん、「犯人はこの人です」と供述し、指摘して以後、いわゆる「結晶作用」が発生し、日時が経過するに従って、ますます「具体的かつ詳細になりやすい」傾向を持つ場合があることが、証言心理学の立場から指摘されている。

渡部保夫「証言心理学の刑事裁判への応用可能性」(『季刊刑事弁護』一一号)によると、「①目撃証人が強い自信をもって証言している場合、②目撃証人が、出来事の細部についても詳細に述べている場合等には、裁判官は簡単に証言を信用してしまう傾向がある」「③目撃証人が、ある人物を犯人として識別してしまうと、捜査官はこれを簡単に信用し、それを前提として単線的な捜査に進んでしまうことがある。④捜査官は、ある人物について犯人であるとの予断を抱くと、目撃者を示唆・誘導してでも、その人物についての不利な供述を引き出そうとすることがある」というのである。

混雑した電車内における痴漢行為は、想像以上にあいまいで「グレーゾーン」が多い。痴漢行為と断言できるかどうかについても一義的なものではない。

すでに無罪が確定している事件でも、背後にいた男性がポケットに手を入れていたことをもって男性の陰茎が自己の臀部に押しつけられたと誤解したり、あるいは、出っ張ったお腹が臀部に当たったのを痴漢と誤解したケースもあるくらいである。

「被告人となった者」に対する理解

痴漢行為を働く者には、①上級、②中級、③初級の三ランクがあると言われている(山本さむ

『痴漢の百科――チカンの手口から生態まで』データハウス出版、一九九八年）。上級と中級とは程度の差はあれ、痴漢行為の経験と技術がプロフェッショナルなレベルに達している者たちであり、初級者とは、出来心の痴漢やどさくさ紛れの痴漢などの初心者を指すが、通例、満員電車内での痴漢行為の八割以上が上・中級者たちの仕業だと言われている。

ところで、このプロ化した痴漢常習者は、まず捕まるようなことはない。捕まっているのは、概して初級者か無実の「痴漢冤罪者」である。まして、被害者女性の剣幕に押され、「第三者に説明したら分かってくれるだろう」と考えて、のこのこ駅員事務室にまで赴いているような者は、それだけでその者が無実の痴漢冤罪の犠牲者の可能性がある、と考えても過言ではない。

一九九六、七年頃から「痴漢撲滅キャンペーン」が展開されるようになって、「痴漢冤罪者」が逮捕される例がふえた。痴漢容疑を否認する者が出てきたのは、彼らが「やっていないから、やっていない」と無実を主張し始めて以来のことと言われている。

もともと、強制わいせつ事件は、被害女性が告訴しなければ起訴できない親告罪であるから、身に覚えのある真犯人ならば、自分のしたことを認めて早期に示談をし、不起訴に持ち込むことを当然に考える筈である。その意味で、「痴漢で起訴されて否認を通す」というようなことは、「真犯人」だとしたら、まったく「割に合わない」行為なのである。

痴漢を理由に起訴され、公訴事実を否認して争っている被告人は、概してそれまで何も前科・前歴がなく、きちんとした勤務先で真面目に働いてきた者がほとんどである。彼らは、やってもいない痴漢行為を認めることが自分のプライドにかけて許せず、そのために否認して、わざわざ弁護士を選任してまで正しい裁判を求めている、と言ってよい。

法定刑が罰金五万円の条例違反の事件で、どうして被告人がそこまで闘うのか。親告罪で示談にしさえすれば不起訴の可能性があるのに、どうして示談にしないで弁護人を選任し、実刑判決覚悟で闘うのか。

否認して闘う被告人は、やっていない行為を「やっている」という、虚偽の事実を認めることを拒否し、裁判で自己の無実を明らかにしようとしている。これは、彼らがいずれも日本の裁判所を信頼しているからにほかならない。彼らは自己の無実を訴えれば「裁判所は必ず分かってくれる」と信じている、会社では信頼され、家族を抱えた普通のサラリーマンなのである。

この点に関する裁判所の、被疑者・被告人ら「人間」というものに対する理解力は、果たしてどうなってしまったのか。

「一人の被害者の供述」による有罪の認定

供述証拠は、①知覚→②記憶→③表現という三つの過程を辿って採取され、裁判の現場(法廷)に持ち出される。しかし、この三つの過程には、そのそれぞれに過誤が生じやすいことはよく知られている。

ましてや痴漢事件の場合は、混雑した電車の中で、周囲に不特定多数の乗客が雑居しているわけであるから、この中から痴漢犯人を特定することはきわめて困難であり、高度に人違いをしやすい客観的状況下にある。しかも、被害者は、被告人を犯人としてつかまえた以上、被告人を犯人とする方向に強いて思い込もうとしやすい心理状態にある。このことによる過誤の可能性を考えるだけでも、一人の被害者の証言だけによって有罪を認定することの危険性は明らかであろう。

一方、刑訴法三一八条は「証拠の証明力は、裁判官の自由な判断に委ねる」とし、自由心証主義が定められている。しかし、それはもちろん、裁判官が何もかも勝手に判断してよいということではない。裁判官の判断は何よりも「合理的なもの」でなければならず、その意味で自由心証主義は「経験則・論理則・実験則」の制約を受けるのである。

さらに、供述証拠をどのように信用してよいかについては、実務上、次のような経験則が知られ、各々、学説として確立している。

①被害者・目撃者の犯行現場での犯人の目撃記憶があいまい・不正確である危険性。
②記憶の過程に対する、捜査側からの不適切な働きかけがあるような場合、そのことが記憶を歪曲させる。
③記憶を、捜査機関が取調べなどにより表現する過程で、取調官の誘導などで表現が歪められる危険性。
④人間は、いったん犯人と被告人との同一性を承認するとこれに固執する傾向がある。いったん同一性を承認した後にこれを取り消すことは供述者の自己矛盾であり、その観察・記憶の欠陥を告白することになりかねないからである。
痴漢裁判においては、以上のような確立した実務上の経験則が冤罪防止のために最も効果的に機能しなければならない。すなわち、一人の被害者の供述だけで被告人の有罪を認定することには慎重でなければならない、と言うべきことになる。

供述証拠と補強証拠

イギリスでは一九七六年、「犯人と被告人の同一性を立証する証拠が目撃証人などの犯人識別供述しかない場合、あるいは主たる証拠としてはこれしかない場合は、たとえ二人以上の証人によって識別されたときでも、被告人は原則として有罪とはされない」という原則が確立されている(デブリン委員会報告の補強法則の設定による提案による)。供述証拠に対して補強証拠を必要とする実務は、もはや国際的基準となっているのである。

ところが、現在における我が国の実務のように、裁判所が「一人の被害者の供述」証拠だけで、大胆に有罪を認定している裁判制度の下では、捜査機関の側は、被害者の供述さえ採取しておけばよいのであるから、手間を省いて、科学的捜査をしないで済ませている傾向は否定できない。裁判所が、きちんとした物的・科学的証拠による補強証拠が必要であるとの実務を確立しさえすれば、捜査当局も、裁判所の方針に従って補強証拠を必ずつけて起訴するようになるし、補強証拠がない事件については、終局的には不起訴として処理することになるだろう。

実務的にも、皮膚や下着からは指紋の採取が容易であり、また、下着や触ったとされる手からは繊維を容易に採取することができるのであり、しかも、それらは「触った事実」を高度に証明する証明力を備えた証拠となる。科学的証拠は容易に採取でき、証明力は強力なのであるから、証明力が弱い上に危険性を否めない被害者本人や本人以外の他の供述証拠に頼る必要も理由もないことになる。

同じくイギリスでは、犯人を識別する証人の供述についてはガイドラインが確立している

（一九七七年のターンバル判決による）。これによれば、証人が目撃したときの時間や明るさなどの状況が客観的に見て良好(good)であれば、この証人の供述についての評価を、陪審員にゆだねてもよい。しかし、暗いところで目撃したとか、ごく短時間だったなど、状況が貧弱(poor)であるときは、その犯人識別供述の正確性が他の証拠で裏付けられない限り、判事は陪審員による審理を打ち切って被告人の釈放を指示しなければならない。また、もし供述の正確性を裏付ける証拠がある場合は、判事はその証拠の正当性について陪審員に説明しなくてはならない、とされている。現実に、このときの英国控訴審判決では、犯人識別供述の質が貧弱(poor)とされた被告人二名について、一審の有罪判決が破棄されて被告人の釈放が命じられている。

この基準は、裁判官の自由心証主義を採用している我が国でも、実質的に採用されるべきであろう。この基準に照らして、①目撃者の観察の正確性や、②記憶の正確性がチェックされる必要がある。とりわけ証人が犯行を目視していない事件については、①の基準に照らした検討が重要である。

混雑した通勤電車内で不特定多数の乗客の中から犯人を正確に特定する必要のある痴漢事件の場合も、目撃の客観的条件が甚だ貧弱(poor)であるなら、当然にイギリスならば陪審員による審理を打ち切って被告人を釈放するべき場合に該当しよう。

4 最近の危険な裁判傾向

証拠を離れた事実認定

痴漢冤罪裁判では、日本で確立している「疑わしきは被告人の利益に」「無罪の推定」の原則、及び「合理的な疑いを超える程度の証明」の原則に違反し、前近代的な裁判基準で裁判しているからこそ、有罪判決が多数出ているのだと言える。その意味で、痴漢冤罪裁判は、二一世紀の日本においては絶対にあってはならない裁判である。だからこそ、冤罪の被害者たちは、罰金五万円の事件に対しても「人間としての尊厳」をかけて、激しい憤りの下に無罪を訴え続けているのである。

しかし、最近の裁判所の動向を見ると、憲法、刑訴法の理念たる適正手続、証拠裁判主義から逸脱したきわめて危険な傾向が現れ始めている。

最近、言い渡された痴漢裁判の判決の中には、弁護側により、関係証拠から明らかになった事実関係からは被告人が痴漢行為を働くことが物理的に不可能であることが立証されたような場合にも、裁判所が証拠関係から離れ、自ら「推測」を施すことにより補充して、その上で有罪を宣告するケースが増えている。

例えば、被告人が、鞄を両手で持っていたために手が塞がっていて、被害者女性が述べるような痴漢行為を働くことが不可能である事実が明らかとなっているのに、裁判所は、「鞄を持ち換えれば片手でできる」という推測を自ら補足して無理矢理に有罪にしたという事例がある。この場合、「(被告人が)鞄を持ち換えた」とする証拠は何もないから、証拠に基づかない完全な「裁判官の想像」だけにより有罪を認定したケースである。

別のケースでは、被告人が、過去の交通事故による後遺症のために、右手の「回外(外に開く)」機能が四五度しかなく、通常人の九〇度に対しては著しい制約があり、また右手の「背屈(手掌を後方にそらす)」機能が二〇度と、通常人の七〇度に対して制約されていて、被害者女性の証言するとおりには犯行を行うことが客観的に不可能であることが明らかになった。しかし裁判所は、「前腕の回外に上記のような制約があるとしても、身体の右側を開くようにすれば、すなわち、身体の右側を、若干、後方に引くか身体の左側を、若干、前方に出して斜めに相対すれば、相対物に対して腕、手はより広く回外する結果となるものと考えられる」ので、「被告人が犯行を行うことは不可能ではない」として有罪を言い渡したのである。右手に障害のある被告人が、そのような無理な姿勢をとってまで、あえて痴漢行為を働くような状況、あるいは被告人側の動機については何も立証されてはいない。被告人にはその種の前歴は一切なく、痴漢行為をしていない旨主張し、その理由の一つとして、自己の身体条件による物理的な不可能を主張したにもかかわらず、裁判所は「このような姿勢にすればできないこともない」と想像して認定した。この裁判所は、被害者と称する女性の不自然な矛盾の多い証言をそのままに信用し、弁護側の申請した反証のための証拠のほとんどを却下してしまい、このような「想像」をしてまで被告人を有罪犯人に仕立て上げている。これではもはや「公平な裁判所」ということの完全な否定である。

保釈を許さない

強制わいせつの嫌疑で起訴され、一審では一度も保釈されないままに懲役一年六カ月の実刑判決が下され、控訴審で初めて保釈されたものの、控訴棄却の判決を受け服役した事例がある。被告人は、前科・前歴なく、定職、定住居があってまったくの初犯であるから、要するに「否認している」ことが保釈を許可しない唯一の理由となったとしか考えられない。刑訴法八九条の保釈制度の存在を裁判所が失念したか、あるいは故意に無視したかのどちらかであろう。この被告人は刑期を満了して出所後、再審請求を検討中である。

また、何回も保釈請求が却下されたあげく、保釈が許されても、保証金を八五〇万円と異常な高額に設定されたケースがある。前科・前歴なく、定住居に妻子と共に住む会社員である。勤め先の会社は、被告人が一、二審で実刑判決を受けたのにもかかわらず、「彼がそんなことをする筈がない」として、いまだに彼を信頼して雇用し続けている。市民が、裁判所の「眼力」なんかよりも本人の人間性の方を堅く信じている一例である。

さらに、起訴事実を否認して争ったために、「懲役一年六カ月」「懲役一年二カ月」「懲役一年」などの実刑判決を受けるのが珍しいことではなくなっている。もし虚偽の自白でもして認めていれば、前科・前歴のない普通の会社員であるから、少なくとも執行猶予にはなったことであろう。否認して「公正な裁判」を求めたというだけで、刑の執行の猶予もしないのは、憲法上の黙秘権、裁判を受ける権利を侵害するものであろう。

この他に、罰金五万円の条例違反で九三日間勾留された事例もある。刑訴法の建前を無視して、被告人が否認しているというだけで、いとも簡単に、考えられないほど長期間の勾留がなされている点に特徴がある。

九三日の勾留――裁判官の被告人を見る目

最高裁第一小法廷は二〇〇二年六月、判決文の中で以下のような異例の所見を述べた。これは、痴漢行為の容疑を理由とする東京都条例違反の事件に関わるものである。第一審裁判所は、罰金五万円の刑を言い渡すに際して、「身に覚えがない」と否認し続けた被告人の保釈を許可せず、被害者等の証人喚問が終了するまで実に合計九三日間勾留した。これについて、

「……本罪の法定刑は五万円以下の罰金または拘留若《も》しくは科料というものであった。ところが、被告人の未決勾留期間は九三日間、起訴後の勾留期間に限っても七八日間に及んでいるのであり、前記審理経過に照らすと、このような法定刑の軽微な事件について、身柄拘束の不必要な長期化を避けるための配慮が十分であったとは言えない上、上記未決勾留期間のすべてが本件の審理にとって必要な期間であったとも認め難い。そうすると、第一審判決が未決勾留日数を本刑に全く算入しなかったのは、刑法二一条の趣旨に照らして問題があり、刑の量定に関する判断を誤ったものと言わざるを得ない」

と、注意を喚起したのである。

法の執行の実務上、罰金を納めない者に対しては、換刑処分として五〇〇〇円につき一日の割合で換算された日数を刑務所に留置することによって刑が執行される。罰金五万円ならば合

計一〇日間の留置である。ところが罰金五万円に該当する行為の審理のため、合計九三日にわたる未決勾留が執行された。しかも「否認している」という理由のみで、刑訴法八九条で規定されている保釈も許されなかった。最高裁はこの点について、厳しく指摘しながらも、「未決勾留日数の算入に関する判断は、本来判決裁判所の裁量にかかるものであることなどにかんがみると、……原判決を破棄しなければ著しく正義に反するとまでは認められない」として原判決の主文そのものは支持した。

痴漢の被害を訴える者も市民の一人なら、痴漢に間違われたと訴える者も市民の一人である。裁判官はこの種の事件については、絶対に先入観や硬直した「目」で被疑者・被告人を見つめてはならない。それぞれの局面の正確な理解と人間的な洞察が要求される、非常に困難な事件であるとの覚悟が必要である。

そして、何よりも、我が国においてもきちんとした補強証拠法則の確立と、それに基づいた着実な実務体制が一日も早く整備されることがその前提となるのである。

なお、本稿脱稿後、二〇〇二年九月二六日、最高裁第一小法廷は、長崎事件について上告を棄却する決定をした。

第六章　裁判官はなぜ誤るのか

1　「裁判上証明されるべき事実」とは何か

「刑事裁判上の証明」とは

刑事裁判における証明とは、「自然科学者の用いるような実験に基く論理的証明ではなく、いわゆる歴史的証明」(一九四八年最高裁判決)であり、証明されるべきは検察官が主張する過去の一時点の歴史的・社会的事実(すなわちある犯罪が行われたということ)であり、それを実行した者と被告人とが同一の人間であるかどうか、である。

ところで、「歴史的事実」については、価値中立的・絶対的な事実(すなわち、生の事実、絶対的真実、「神のみぞ知る真実」などともいう)の認識に到達することは、認識論的限界や制度的な制約からして不可能であるから、裁判の現場では、「ある蓋然性」が立証されることによって、訴訟上は証明がなされたとみなして、起訴された被告人を有罪とすることが認められている。

この「証明の程度」について、最高裁は一九七三年、甲府放火事件の判決で、「裁判上の事実認定は、自然科学の世界におけるそれとは異なり、相対的な歴史的真実を探求する作業なのであるから、刑事裁判において「犯罪の証明がある」ということは「高度の蓋然性」が認められる場合をいうものと解される」と指摘したうえで、「「高度の蓋然性」とは、反対事実の存在を許さない程の確実性を志向したうえでの「犯罪の証明は十分」であるという確信的な判断に基づくものでなければならない」と述べている。つまり裁判官も、「通常人なら誰でも疑いを差し挟まない程度に真実らしいとの確信」「合理的な疑いを入れない程度の証明」という基準によって判決を書くのが一般的なのである。

裁判官による事実認定の目的

犯罪発生後にはまず捜査が行われ、その結果、検察官は被告人が犯人であるという断定に基づいて起訴を行う。そして公判における論争、証拠調べの後、検察官による「被告人が犯人と同一人物である」との「仮説」が「合理的な疑いを入れない程度」にまで証明されたかどうかについて、裁判官による判断がなされる。このとき、刑事訴訟法は、「自由心証主義」を採用し、証拠の証明力の判定を裁判官による論理則・経験則に従った全人格的な判断に委ねている。裁判官による事実認定の目的は、このプロセスが能《あた》う限り誤判・冤罪を生まないように実践されて、刑事裁判の適正を保障することにある。

裁判官の事実認定過程には、「疑わしきは被告人の利益に(in dubio pro reo)」の原則が支配し、この原則は現在では、一九七三年の甲府放火事件判決、前にも触れた一九七五年の白鳥事件特別抗告棄却決定を経て、刑事裁判の「鉄則」にまで高められている。このことは、言い換えると、有罪であることの挙証責任は検察官にあること、被告人に不利益な認定をするにはきわめて高度の証明度が必要であること、したがって検察官が、犯罪の発生と被告人が犯人であることについて、「合理的な疑いを入れない程度に証明」しないかぎり、被告人に対しては無罪が言い渡されなければならないことを意味している。

二項対立的事実観をめぐる学説

以上のような伝統的な事実観に対し、ことに最近、「刑事訴訟における事実観」とは何か、が鋭く論じられている(豊崎七絵「刑事訴訟における事実観」『法学』第六四巻五・六号)。若干専門的になるが、簡単に紹介しておきたい。

すなわち、歴史的証明とは言っても、①抽象的に観念される裸の価値中立的・絶対的な事実(先に述べた「生の事実、絶対的真実、神のみぞ知る真実」)の認識と、②それとの関係で相対的に位置づけられる訴訟的事実(裁判上、被告人を有罪とするために立証されることが必要とされている事実、すなわち、裁判上、「高度の蓋然性」ありとされた事実)という二項対立的思考が前提となっている(これを「二項対立的事実観」という)。

この二項対立的事実観によれば、証拠に基づいて認定される訴訟的事実が価値中立的・絶対的な事実の認識と一致するか否かが真実性の基準であるが、現実には先に述べたように、結局、「高度の蓋然性」で満足するしかない。すなわち、正しい事実認定を唱えてはいても、絶対的な真実の認識は、所詮不可能である以上、どこかで諦めなければならない。したがって「合理的な疑いを超える程度の証明」という基準も、所詮は相対的なものでしかないわけである。

ところで、この「合理的な疑いを超える程度の証明があったかどうか」を、裁判で具体的に判断し、決定しているのは裁判官である。要するに、裁判官の仕事は、それぞれの事件について「合理的な疑いを超える程度の証明」がなされているかどうかを最終的に確定し、それを基準として有罪・無罪を仕分けているという以上の域を出ないのである。裁判官によって有罪とされたケースは「合理的な疑いを超える程度の証明」があったものとみなされ、無罪とされたケースが「合理的な疑いを超える程度の証明」がなされなかったものとして取り扱われる。

裁く者の論理と被告人の事実

そうすると、「正しい事実認定」ということを唱えてみても、裁判官が現実にはどこかで諦めなければならないと見極めるのは、所詮、「裁く者の論理」にほかならない、と豊崎氏は指摘する。そしてこれに対して「無辜の不処罰」(つまり、無実の者は決して処罰されてはならない)を被告人の人権問題として捉えるならば、従来の常識的枠組みは捉え直さなければならない、と説いているのである。

従来、有罪・無罪の決定過程は、漠然と「合理的な疑いを超える程度の証明」を前提としながらも、現実には検察官による起訴事実に対して、裁判官が「高度の蓋然性」の有無をもって判断するという、いわば官僚の側の設定した枠の中で行われてきたのであった。それに対してこの考え方は、「無辜の不処罰」という本質的・規範的な問題意識をストレートに突きつけるものであると言える。それだけに従来から、不本意な有罪判決に苦杯を飲まされ続けてきた弁護人たちにとっては、強い共鳴を覚える問題提起となったのである。なぜならば、「合理的な疑いを超える程度の証明」を検察側に要求し、それが得られない以上、当然に無罪判決を予期していたにもかかわらず、「高度の蓋然性」ありとの不当な判断に基づいて下される有罪判決は跡を断たないからである。

しかし、被告人にとっては、犯罪の事実は「あるか、ないか」のどちらかである。とりわけ冤罪を主張している被告人は、自分が犯罪に関与してはいないことが確信できる以上、そのことを裁判において認めてもらえるかどうかは、まさに一義的・具体的な絶対的要請である。

松川事件第一次控訴審判決の際、S裁判長は法廷で「やったかやらないかを知っているのは神様だけだ」と述べた。この発言に対し、被告人たちは「いや、違う。事実を知る者は被告人らだ。私たちだ」と答えている。この言葉には、裁判長の依拠する「相対的な訴訟的事実」を圧倒する「被告人にとっての一義的・具体的な事実」が厳然と存在することが如実に表明されている。

「規範的・構成的事実観」とは何か

では、相対主義に立たない訴訟的事実、すなわち「被告人にとっての事実」、そしてそれを支える事実観とは何であろうか。豊崎氏は前記論文で、その事実観は刑事訴訟の原理・原則にのっとって「正しい訴訟的事実が認定」されなければならないという意味では「規範的」であり、「訴訟的事実は捜査・訴追・公判過程など訴訟のプロセスを通じて痕跡(trace)や原料(raw material)を素材として構成される」という意味では「構成的」でなくてはならないと述べている。すなわち、刑事訴訟を規定する「規範」にのっとって正確に組み立てられた訴訟的事実こそ、訴訟において、その正当性を主張しうる事実である、と説くのである。

そして、その訴訟的事実の客観性を判断する基準は、①経験則・論理則・注意則にのっとって「疑わしきは被告人の利益に」の原則に従って認定されているか、②歴史的事実(犯罪)を裏付けるべき痕跡ないし原料が証拠として構成されていくプロセスは正しく行われているか、を検討するものでなくてはならない。そして、③「誤った訴訟的事実」が、上訴・再審によって正されたとしても、それを絶対的真実が訴訟的事実を覆したと考えるのではなく、誤判の原因は、痕跡と原料が証拠として構成されていくプロセス総体に問題があった結果であると考えるべきなのである。すなわち証拠を構成する側の認識能力の限界や制度上の制約に誤判の原因を求めて「不可知論」をとるべきではない、と結論を下している。

確かに、被告人にとって、自らが犯罪事実に関与しているかどうかは、まさに一義的・具体的な問題である。被告人には、自分が「絶対に犯してはいない」と確信できる公訴事実について、なぜ自分がその犯罪事実に関与し責任を負わなければならないのかを訴追する側に問う権利がある。それが憲法三二、三七条に基づく「公正な裁判を受ける権利」にほかならない。

刑事裁判は、無実を主張する被告人に対して、規範的に構成的に証拠資料と素材とを明示して被告人の納得するように判決がなされるものでなければならない。以上は、厳密な法理論的考察に基づくものであるため少々難解になってしまったが、裁判を進めるに当たっての基本原理として確認しておく必要がある。

2　構造的な誤判・冤罪

九九・九パーセントの有罪率

我が国では刑事裁判の有罪率は異常というほどに高い。例えば一九九八年、九九年度に第一審判決を受けた被告のうち、無罪になったのは〇・一パーセント程度であり、有罪率は九九・九パーセントにのぼる。つまり我が国では通常、起訴された時点で「被告人」とされた者は、「有罪」を覚悟しなければならないことになる。

これに対して、イギリスでは、クラウンコート（刑事法院。刑事事件の第一審及び上訴審を担当する）で裁判される全刑事事件は年間約九万七千件で、法廷で有罪を認めた場合には証拠調べなしに有罪とされ、無罪を主張した場合だけ審理されるのだが、無罪の答弁をして審理を受けるのは年間約二万人で、そのうちの約六四パーセントが無罪になっている（一九九九年統計)。アメリカでは、全国各地にある連邦地方裁判所と各州の第一審裁判所が審理を行うが、連邦地方裁判所で審理される全刑事事件(一九九九年の一年間の起訴人員は約八万三千人)のうち無罪とされるのは約一二・八パーセントである。一方、日本では、全地方裁判所に起訴される被告人の数は、例えば一九九七年では年間約五万七千人であるが、無罪になるのはそのうち僅か一〇〇人足らず(一部無罪を含む)である(渡部保夫『刑事裁判を見る眼』岩波現代文庫、二〇〇二年)。

もっとも、我が国では、自白して犯罪の成立を認めている者についても正式裁判がなされているから、「司法取引」が行われ、起訴事実を否認する被告人についてだけ正式裁判がなされるアメリカと同一に論じることはできない。公判で否認する被告人の事件について、我が国でどの程度の割合で有罪・無罪の判決がなされているのかについては、正式の統計は公開されていないのが現状である。

高い有罪率が示すものは何なのか。この数字の背景には、強大な捜査権限に基づく捜査、検察官による独占的な起訴・不起訴の選別、捜査書類中心の公判審理などの現実が存在している。

裁判所・検察の側に立つ論者は、欧米先進諸国に比して、日本では、①犯罪発生率が低く、②刑法犯の犯人検挙率は約七〇パーセントの高率を示し、③有罪率は九九・九パーセントの高きにのぼり、ほとんど「起訴イコール有罪」といえる状況にあり、④高い有罪率の背景には起訴便宜主義(刑訴法二四八条により、検察官は被疑者に犯罪の成立が認められる場合でも、情状を考慮して起訴しないことができる)の効果的な活用があり、⑤このことは処罰が確実になされている証明であり、⑥以上は、全体として日本の刑事司法システムの優秀性と治安の良好さの証である、と説いている。

構造的な誤判・冤罪

確かに、我が国では、裁判官と同じ資格を持ち、しかも新任の時から刑事事件のみを専門に担当することで高度に習熟した検察官によって、起訴便宜主義によるふるい分けがなされている。そういう意味で、有罪率が高いことにはそれなりの合理性が存在するとの意見にも、一応の理由がある。私も我が国の検察官の資質が優れている事実を否定するつもりは毛頭ない。しかし、検察官の当事者としての立場や現実の多忙さを考えると、検察官が被疑者・被告人の全ての側面を正確に捜査していて起訴は常に正当であると客観的に評価できる保障はないし、また、捜査にはとかく「見込み」に走りがちな傾向があるのも否定することはできないであろう。

しかも、有罪率の高さを誇りにするということは同時に、検察官がいったん被告人を犯人だと断定して起訴した以上、あらゆる手段を駆使して、ひたすら「有罪判決」の獲得に邁進する運用をも生み出しかねないということも意味している。このことは数ある再審・冤罪事件の歴史を顧みるときに明らかであるし、実際にも、少ないとは言い切れない数の誤判・冤罪事例が存在したことは、今日では紛れもない歴史的事実となっている。

ここに、検察による起訴をきちんとチェックできるための弁護活動の充実、併せて裁判所の役割が重要なものとなる。

「死刑判決は誤判である。自分は冤罪であり、その無実を主張してきたし、これからもして行くつもりだが、いくら無実を叫んでも誰も聞いてくれないし、自分の後から収容された者が、つぎつぎと死刑囚として執行されて行くのを見せつけられると不安でたまらない。もう二〇年近くもこうして暮らしていると、もし間違って執行されても、自分は運が悪かったのだ、と諦めなければならないのだろうか。それにつけても不法に逮捕し、拘禁し、拷問した警察官や検事がにくい」(矢野伊吉『財田川暗黒裁判』立花書房、一九七五年)。

これは、一九六九年七月、財田川事件の冤罪死刑囚(谷口繁義氏が、当時の高松地裁丸亀支部長矢野伊吉判事と初めて面会した際に、判事に向かって語った言葉である。冤罪被害に巻きこまれ、誤った「死刑」判決を言い渡されて、獄中で一人、「死」と向き合って過ごすしかない人間が、どのようにつらく、苦しい日々を送るものなのか、切々と伝わってくる。

これまでにも何回か触れたが、七五年の最高裁白鳥決定を皮切りに、従来、「開かずの門」だった「再審の門」が少しずつ開き始め、免田・財田川・松山・島田事件の死刑・再審四事件をはじめ、再審開始・無罪確定に至る事件が続いた。こうした事態の進展によって、我が国の刑事裁判に潜在する問題点が、徐々に国民一般にとっても分かりやすい形で明らかになってきた。すなわち、誤判の続発する刑事裁判の現状は、それ自体決して偶然のものではなく、捜査・起訴・公判・判決・上訴を含めた全体としての司法構造から必然的に生まれた「構造的冤罪」であると言わなければならない、という事実が見え始めてきたのである。

誤判の原因と対策——日弁連の案

日本弁護士連合会は、死刑事件を含むそれまでの再審・誤判事例を総括し、誤判原因として、

(1)捜査・訴追機関の側における、①見込み捜査、②自白の強要と偏重、③証人の誘導、証拠の偽造・隠匿、④客観的捜査の不備。

(2)裁判所・裁判官の側における、①検察官に対する盲信、②自白の任意性・信用性判断の誤り、③逮捕・勾留など、被疑者・被告人の違法・不当な身柄拘束の容認、④被告人に対する

不当な予断・偏見。
(3) 弁護の側に存する原因として、①不十分な起訴前弁護活動、②公判における弁護活動の弱体、③証拠の科学的検討不足。
(4) 鑑定の誤り
などを挙げている(日弁連編『続・再審』一九八六年、『誤判原因の実証的研究』一九九八年)。

その上で、具体的な誤判防止対策に関して、日弁連は、二〇〇〇年七月、司法制度改革審議会に対して「「国民の期待に応える刑事司法の在り方」について」と題する資料を提出し、冤罪防止のための刑事司法の充実・強化方策として、以下のような提言をしている。
(1) 被疑者・被告人の防御の拡充として、①国費による被疑者弁護制度の実現、②弁護側の証拠収集を可能にするための捜査段階での弁護権の強化、③取調べ過程の可視化と弁護人の取調べ立会権の確立、④捜査の可視化のための具体的な手段として、供述調書の作成とその形式の改革、電磁気手段による記録(録音・録画)、拘束経過簿、取調べ経過簿などの作成義務づけと、それら記録への弁護人のアクセスの保障、⑤適正な取調べとして、自白偏重の防止、自白の任意性・信用性の担保方法の検討、⑥事前準備と事前の全面的な証拠開示(捜査段階における開示を含む)。

(2)人的資源・態勢の拡充として、①弁護態勢の拡充、②裁判官・検察官の増員。
(3)その他の制度上の改革として、①自白法則・伝聞法則の厳格な適用、②事実誤認を理由とする検察官上訴の問題。

以上の中でも、誤判の歴史から考えて、我が国における冤罪防止のために、特に緊急に実施しなくてはならない措置としては、第一に、被疑者・被告人に対する弁護人の権利の拡張と捜査の可視化(具体的には、公費による被疑者弁護人制度、弁護人の取調べ立会権、取調べ状況・過程の可視化のための録音・録画・書面による記録の義務付けなど)、第二に、全面的証拠開示を検察官に義務づけること、の二点が挙げられる。

適切な弁護は冤罪防止の必須要件

二〇〇二年三月二六日、鹿児島地裁は大崎事件の被告だった原口アヤ子さんの再審請求を容れ、再審開始の決定をした。大崎事件とは、一九七九年に鹿児島県下で発生した、事故死か他殺か疑問の多かった致死事件である。検察官は主として関係者の自白・供述にのみ依拠して、被害者親族等の共謀による殺人と断定し、アヤ子さんを含む親族四人を殺人・死体遺棄罪で起訴した。アヤ子さん以外の三人は捜査段階で自白し、公判でも公訴事実を認めたが、アヤ子さんだけは一貫して犯行を否認し、懲役一〇年の判決が確定して以後も獄中で、そして満期釈放後も無実を訴え続け、再審を求めてきたのであった。この地裁決定に対しては、検察官により即時抗告がなされ、現在、福岡高裁宮崎支部において抗告審が審理中である。

この再審請求審の最終意見書の中で、大崎事件弁護団は、「冤罪を訴追した検察官の責任、冤罪に有罪を言い渡した裁判官の責任はいうまでもない。しかし、ここで改めて問われるべきは弁護士の責任である」と指摘した。確定審(公判裁判の段階)で弁護人が弁護方針を誤ったことがこの冤罪の大きな原因をなしているとして、異例の厳しさで弁護士の弁護活動についてそれに伴う責任と今後の強化を訴えたのである。

具体的には、①確定判決が認定した「タオルによる絞殺」の可否に関する重要な客観的証拠であった死体解剖鑑定書が、原審弁護士によって一顧だにされていないこと、②弁護人がアヤ子さんの無実の訴えに対して真剣に耳を傾けた形跡がないこと、③無罪を主張する被告人を弁護する以上は、弁護人となった者は警察・検察の調べに対して批判的な目で見なければならないのに、それを怠り、捜査に対して無批判的な態度に終始していること、④そのために弁護人による現場検証の申請もないままに確定審の審理が終わっていること、などを指摘している。そして「本件は、昭和五四年に行われた事件についての冤罪事件であり、いわば「暗い時代」

の冤罪事件ではない。弁護人が弁護団活動の基本に忠実に活動していさえすれば真実を解明できる事件であった」と総括して、この冤罪を許した法曹の責任(なかんずく弁護士の責任)を厳しく指弾しているのである。

この指摘は、大崎事件のみならず、他の事件においても冤罪の責任は単に検察官や裁判官だけにあるのではないことを、痛烈に、かつ厳しく我々弁護士たる者に迫っている。まさに「頂門の一針」である、といえよう。

3　「疑わしきは被告人の利益に」の模索

正しい事実認定のための「注意則」

裁判官による事実認定という問題については、先輩の裁判実務家が心血を注いで作り上げた知識経験の結晶ともいうべき重要な判断やデータが存在している。この領域は本来的に類型化することが難しい分野であり、しかも、類型化ということには危険な側面が伴うためか、多くの場合は、きちんと整理されないまま倉庫の中に積み込まれた貨物の如く、無秩序に集積されたままになっている。そしてその多くは時の経過と共に忘却され、その人自身にも他の法実務家にも、十分に活用されているとは言えない。事実認定に関わる合理性とは、究極のところ、一人ひとりの裁判官の人格・識見に依存するしかない性質のものであり、それだけに裁判官が現に置かれている歴史的・客観的状況と、そこから生ずる個別裁判官の「法意識」というものが、裁判では特に重要な機能を演じているという事情からであろう。

一方、「自由心証主義」の下で、裁判官による証拠の評価は、論理則・経験則に従うべきことが要求されるが、そのための原則を各裁判官が具体的に定式化したものが「注意則」と呼ばれて残されている。「注意則」の例を挙げれば、戦前の裁判官の中でも、例えば三宅正太郎判事は、『裁判の書』(角川書店、一九七〇年)において、つとに「事実認定に関する臨床的研究の必要性」を強調されていた。青木英五郎元判事の『証拠評価の方法――自由心証主義における論理法則及び経験則の分析』(同著作集I、田畑書店、一九八六年)は、これをさらに押し進め、裁判官がなすべき証拠評価の方法についての体系的な研究成果を発表されている。

また、大塚一男弁護士は、『裁判・弁護・国民』(晩聲社、一九八三年)、『冤罪に抗して』(日本評論社、一九九三年)などの著作の中で、数々の冤罪事件を担当し、誤って起訴された者の冤を雪ぐ闘いに終生を捧げた弁護人としての経験に立脚して、誤判を犯さないために、裁判官がどのような諸点に注意すべきかを鋭く指摘している。

こうした「注意則」は、証拠の判断を裁判官の自由な心証に委ねつつも、裁判官の判決起案過程での「反省吟味すべき多少の具体性を持つ準則」として、現実的な機能を果たしている。そして最近、特に裁判官経験者の側から、過去の裁判例の分析の上に立った重要な注意則が次々と定式化されつつあることが注目される。渡部保夫『無罪の発見』(勁草書房、一九九二年)、下村幸雄『共犯者の自白』(日本評論社、一九九六年)、守屋克彦『自白の分析と評価』(勁草書房、一九八八年)などは、数多くの裁判例の分析の上に、自らの裁判官としての実務経験を重ね合わせて、事実認定に関するきわめて重要な数々の注意則を導き出している。これらのうち、特に重要と思われるものを、「裁判官はなぜ誤るのか」に対する、法曹人自らの分析の例証として、以下に紹介しよう。

自白の信用性に関する注意則

これまでの裁判例にあらわれた自白の信用性の判断基準としては、以下の四点がある。
①自白内容が他の証拠から確認された客観的事実と矛盾(あるいは合致)するかどうか。
②真犯人であれば容易に説明することができ、または言及するのが当然の証拠上明らかな事実について説明の欠落があるか。

③犯人しか知り得ない秘密の暴露が含まれているか（いわゆる「秘密の暴露」）。
④犯人しか語れない実感（臨場感）を伴った体験供述が含まれているか。

目撃供述の信用性に関する注意則

我が国では、目撃供述が争点となった事件で、誤起訴・誤判事例が繰り返されている。仙波厚ほか『犯人識別供述の信用性』（法曹界出版、一九九九年）はこの問題の重要性を強く示唆している。

目撃供述の捜査段階における取扱いについては、とりわけ慎重な態度が求められるべきである。そのために、かねてより心理学、法律学双方の分野から目撃供述及び目撃者による犯人識別手続について、捜査手続を主導するための、適切な「目撃供述ガイドライン」の必要性が説かれてきた。二〇〇〇年一一月、心理学と法律学の架け橋を目的として、「法と心理学会」が設立・発足したが、日弁連刑事弁護センターもこれと協同して、「目撃証言の信用性」に関する一般市民も含めた地道な研究会が進められており、その成果が期待されているところである。

こうして、裁判実務家の側から発掘され分析されてきた「注意則」の定式化努力は、経験科学としての心理学と結びつくことによって、さらにその社会科学的基礎を確固たるものとしつつある。それが、実務家に対して新たな視点と実務運営能力を付与し、我が国の裁判で適正な事実認定が行われることが期待されている。二〇〇一年に出版された渡部保夫監修『目撃証言の研究——法と心理学との架け橋をもとめて』(北大路書房)は、その端緒的成果であると言える。

こうした実務家たちの地道な努力の積み重ねの中で、目撃供述の取扱いに関する規則制定の必要性が提唱されている。

共犯者の自白に関する注意則

下村幸雄元裁判官(現弁護士)は、『共犯者の自白』の中で、共犯者の自白に関する事実認定上の準則と留意点について論じ、①巻き込み型、②デッチ上げ型、③誇張型の三種の型を区別した上で、これを証拠として採用する場合の厳しい限定を付している。すなわち、任意性、特信性(公判における供述よりも捜査官の面前で述べた調書の方が特に信用できるような情況的保障があること)のない共犯者の自白には証拠能力のないこと、共犯者の自白には補強証拠が必要であること、しかも補強証拠は被告人と犯罪との結びつきを証明する限りで必要であること、二名以上の共犯者の自白は相互に補強しないこと、共犯者の自白は被告人本人の自白の補強証拠にはならないこと、などである。それらの提言は、「法律上の準則」にまで高めて裁判官の自由心証を規制すべきであると主張されている。

事実認定をめぐる注意則

木谷明元裁判官（現公証人）は、東京地裁を中心とする現場裁判所、最高裁調査官などの最高裁勤務を歴任したエリート裁判官の一人だが、「疑わしきは被告人の利益に」原則を貫徹した代表的な良心的裁判官として知られ、私が在官中から深く尊敬してきた先輩裁判官である。

同氏は、私のような者でも話の相手になると思ったのか、私が地方の裁判所から全国裁判官会同などに出席のため上京するときは、一夜をあけて二人で話す機会を持ってくれることもあったし、氏の尊敬する元東京高裁裁判長の故樋口勝氏の自宅に一緒に赴き、話を聞く機会を作ってくれたこともある。健康状態悪化のため定年まで二年数カ月を残して退官したが、「事実認定適正化の方策」（『田宮裕博士追悼論集 上巻』信山社、二〇〇一年）、「裁判官生活を振り返って——事実認定適正化の方策（パートⅡ）」（『判例タイムス』一〇八四号、二二頁）などの著作の中で、三七年間余りに及ぶ刑事裁判官としての実務経験から、自ら担当した二〇件の事件を処理した経験を総括され、「事実認定に関して痛感したこと」として、以下のような点を指摘している。

1　物的証拠についても捜査官の作為があり得ることを率直に認めるべきである

正義を体現すべき立場にある捜査機関が犯罪をも構成しかねない証拠物への作為に加担したのではないかと疑うのは情けないことだが、軽々に「そのようなことはあり得ない」と断定するのは危険である。捜査官も人間である以上、捜査が難航し糸口が見つからなくなると、物的な証拠に作為を加えてでも都合の良い証拠を作出しようとすることがある。捜査も人間のすることである以上、そのようなことをするはずはないと断ずるのは適当ではない。この問題について一番大切なことは、裁判官が被告人側の主張を虚心坦懐に受け止め、疑問点につき十分な審理を遂げた上で判断を下すことである。

捜査機関の違法行為は、裁判所が指摘しなければ、他にこれを明らかにする者はいない。私(木谷)は、捜査機関の違法を指摘するのは裁判所の最も重要な責務の一つであると信じていたから、どんなに苦しくてもこの問題から逃げることはしなかった。

2　自白の任意性に関する判例の基準は緩やかに過ぎる。また、自白の任意性を厳密に判断するためには、緻密な審理と厳格な事実認定が必要である

従前の判例のうち、警察が手配した施設に五日間連続して宿泊させた上で取り調べた後の自白や、徹夜で二二時間連続して取り調べた後の自白の任意性をいずれも肯定した判例があるが、

取り調べられる者の立場についてあまりにも配慮が不足している。

取調べ状況に関する立証で、被告人と取調官との間での「水掛け論」に持ち込まれた場合には、捜査官の負けと割り切る必要がある。

取調べの主体が警察官から検察官に代わったというだけで、被疑者が任意の供述をすることができるようになるとは考えられない。そのような場合の検察官調書は、「検察官において、警察官による違法な取調べの影響から被告人を脱却させるための措置を講じていない限り検察官調書も警察官調書と運命を共にする」との見解によってきた。

3 任意性に関する判例の基準を前提とする限り、自白の信用性をよほど慎重に判断しないと事実認定を誤る虞がある

自白の任意性に関する基準が緩やかな場合には、任意性が肯定された自白の中に虚偽の自白が混入するという事態がかなりの確率で発生するのを避けられない。したがって、これまでに実務家が確立した注意則の考え方(自白の信用性の評価を直感的・印象的な判断によってではなく分析的・客観的に行うこと)を具体的な事件に適用することは必ずしも容易ではなく、具体的な自白が不自然・不合理でないかどうかを巡って下級審と上級審とで見解が分かれた事例が少なくない。よって、この注意則を適用する場合には、当該の具体的な事情の下で、その自

白が本当に不合理ではないかということを慎重に検討することが重要である。

4　適正な事実認定をする上では検証がきわめて有用である

自白の内容が不自然でないかどうかは、あくまで犯行当時の現場の具体的状況を前提として具体的に考察しなければならない。捜査官が作成した自白調書の内容の具体性、迫真性などに目を奪われると、ともすると現場の状況を忘れて、頭の中だけの抽象的な思考になりかねない。現場の状況を正確に把握するのに最も適した採証方法は、裁判官自らが現場に臨んで行う現場検証である。「百聞は一見に如かず」との喩《たと》えどおり、自ら現場に臨んで、これを一見するだけで従前の心証が大きく変わったという経験を持つ裁判官は少なくないと思われる。事実認定が微妙な事件について、いやしくも裁判官が検証の労を厭うようなことがあってはならない。しかし、最高裁にまで無罪が争われる重要事件の中で、現場の特殊性などからして検証が不可欠な事案であると思われるのに、第一審で検証が行われていない事例が多い。

5　事実認定については、誤解を受けないように、判決で十分に言葉を使って、丹念に説明することが大切である

無罪判決に対する検察官控訴が許されている我が国の法制の下では、仮に一審裁判官が無罪判決を言い渡しても、控訴審裁判官がどのように考えるか分からない。我が国の刑事裁判は囲

碁にたとえれば、一審の碁打ちから二審の碁打ちに打ち継ぎ、さらに三審の碁打ちに打ち継がれる「連碁」のようなものである。すると、仮に一審の碁打ちが上級者で「死んだ石」だと思ってそのままにしていたら、控訴審でヘボが打ち継いで打ったために、「死んでいた筈の石が生き返る」ことだってあり得る。だから一審裁判官としては、分かり切ったことでも、念には念を入れて丹念に判決で説示しておかなければ、無罪の被告人が控訴審のヘボな裁判官によって逆転有罪ということにもなりかねない。自分はできるだけ一審で事件を確定させることが裁判官の本分であると考えていたので、判決は自然と詳しく長文になってしまった。

判決では、言葉を惜しまず十分な説明をして自分の考えが正しく伝わるようにし、理由付けでは、多くの人が理解しやすい言葉と論理とを心がけてきたつもりである。

木谷氏は、刑事裁判官が良心を貫こうとする際に必ずぶつかるさまざまの困難から目をそむけることをせずに立ち向かい、ひたすら裁判官としての本分を尽くしている。その裁判に臨む姿勢は、まさに「刑事裁判官たる者の鑑《かがみ》」である。

なお、同氏は、私などとは比較すべくもない数の、多くの無罪判決に関わっているが、その全てにつき無罪判決が確定し、控訴されたのも富士高校放火事件(東京地裁一九七五年三月七日判決）一件だけで、それも控訴棄却となったとのことである。

4　裁判所はどうあるべきか

「検察官・裁判官」対「弁護人・刑訴法学説」

二〇〇二年六月に出版された三井誠ほか編『新・刑事手続Ⅰ―Ⅲ』（悠々社出版）という刑事手続法に関する書籍がある。

この書籍は、現在、実務の第一線で活躍中の検察官・裁判官・弁護士らが、捜査、公判、証拠・上訴などを網羅した刑事手続法の各分野に関して、同じテーマについてそれぞれの立場から論じた刑事法に関する異色の実務書である。内容としては、検察官・裁判官・弁護人の三者による法律家としての立場からの率直な議論が展開されている点と、通常この種の実務学説書には必ず登場する学者・研究者サイドの論稿が、編集委員である神戸大学教授三井誠氏の「解説」以外にはいっさい登場しない点に特色があると言える。

興味深いことは、編集責任者の三井教授が、今回の新版と旧版とを比較しながら、どのテーマについても、「全体を通覧すると、全般的に裁判の立場と検察の立場がきわめて近似しており、かつ両立場は弁護側の主張と多くの点で対照的であることがわかる。実質上の対立は三面的と言うよりも、検察・裁判対弁護という二面的な構図を形成している」(Ⅲ・五三一ページ)と「解説」している点である。

実際、同書所収の各論文を仔細に見てみると、弁護人の側の論文の主張は、概して通説的な現行刑事訴訟法学説の論述を踏まえたものであるのに比べて、検察官・裁判所の側による論述にはむしろ、これらとは対立的な傾向が顕著に見られるということに気付く。すなわち、三井教授の分析に付け加えるならば、「検察・裁判」対「弁護」の二面的対立構図というよりはむしろ、「検察・裁判」対「弁護・刑訴法学説」という対立構図が、くっきりと浮かび上がってくるのである。このことが意味しているのは、我が国の刑事訴訟法に関わる実務は、刑訴法の現行規定やそれに対する通説的な学説に依拠して運営されているというよりも、「検察官」と「裁判官」という国家の官僚集団が打ち立てた解釈や実務運営要領などに準拠して現に運営されているという事実である。

検察官に対する「ハードル」となりえているか

冤罪は構造的に作られている。この構造の下では、どんなに優れた裁判官でも、不断の注意・警戒の下に裁判に従事するのでなければ、誤判を犯し冤罪を生む可能性を常に秘めていることになる。それは、これまでにも述べてきたように、次のような裁判構造が確立していることによる。

検察官は、「合理的な疑いを入れない程度の立証がある」として、ある「蓋然性」のレベルで被告を起訴し、犯罪を立証しようとする。しかし、「合理的な疑いを入れない程度の立証がある」とか、「無罪推定の原則」とか言っても、具体的な個別事件について目に見えるような「厳格な枠組み」が現実に存在するわけではない。要するに、検察官がどのような起訴をしたとしても、裁判所、裁判官のハードルさえ突破でき、有罪判決を獲得することができれば、公訴提起した検察官は正しいことになり、その責任は全て免れることとなる。

要するに、裁判官たる者がどのように判断するかにかかっている。したがって、あまりにも当然のことながら、裁判所、裁判官の責任はきわめて重大なものとなる。裁判所、裁判官が「合理的な疑いを入れない程度の立証の有無」に関する認定のレベル、ハードルの高さを、もし検察官の要請するレベルにまで引き下げてしまうならば、厳密に犯罪事実が「合理的な疑いを入れないまでに」立証されてはいなくても、被告人とされた者に対してはどしどし有罪が宣告されてしまうことになるだろう。そして、そこでは次々と冤罪が生まれることになる。

現実には裁判所の検察官に対するハードルは驚くほどに低く、最近の裁判官は検察官がごく一通りの立証をしただけで、検察官立証は十分であるとして、今度は弁護人に対して反証を求めるという傾向があるが、その結果、被告人・弁護人は無実の立証責任を負担させられることになっている。

ここでは、被告人や弁護人が、どんなに委曲を尽くして被告人の無実を主張し立証を試みたところで、官僚機構に住む人たちに対しては一向に通じないことがあることを現実の法廷が示している。こうした現実に日々接しながら私は、無念のうちに死んでいった徳島ラジオ商殺し事件の冨士茂子さんの悲劇が、現在においてもなお、多少形を変えながらも厳然と存在し、繰り返し再現されている事実を指摘しないわけにはいかない。

5　市民に開放された司法は実現できるか

裁判官と検察官の同質化

裁判は、国民の信頼を基礎として初めて成り立つものであり、多くの国民が納得するものでなくてはならない。しかし、我が国の司法制度も、戦後五〇年以上を経過し、時代に即応しきれていない部分や、制度疲労や機能不全を起こしている部分もあるはずである。放置しておくと、もはや危険な状況に立ち至っている部分さえあり得るのである。

例えば、検察官と裁判官とが、人事交流などを通じて、ほぼ同質化してしまうことすらあり得ないことではない。つまり、身柄の拘束のための基準や証拠開示のあり方など、国民の人権にとって重要な事項について、また、有罪認定のための「合理的な疑いを入れない程度」ということの実体的中身について、両者の判断が「似た」ものになってしまっているのである。現に、先の三井教授の指摘は、刑事訴訟法の解釈運用に関するかぎり、「全般的に裁判の立場と検察の立場がきわめて近似しており、かつ両立場は弁護側の主張と多くの点で対照的」であるということであった。

もしそのとおりならば、起訴事実について「合理的な疑いを超える程度の証明」があったかどうかについても、裁判官と検察官とは「きわめて近似しており」、かつ両者が一体となって弁護側と対立する、という構図が常に成り立ってしまうということにはならないだろうか。実は、我々弁護士が現実の法廷で実感している危惧は、まさにこのことなのである。

すなわち、裁判官が検察官に対する「異質性」、「チェック機関性」を喪失してしまったとき、無実の被告人は法廷に何を期待することができるのだろうか。これは厳密な意味では「裁判というものの不在」である。

司法改革の方向

官僚化したキャリアシステム司法に市民の言葉が通じなくなったとき、司法を抜本的に改革するためには、大きく二つの方向が考えられてきた。一つは、裁判官の給源を在野に求める法曹一元制度であり、もう一つは市民感覚を直接的に裁判主体に取り込む陪審・参審など市民の司法参加である。

日弁連が提唱してきた法曹一元制度は、市民が重要なメンバーとして加わった裁判官推薦委員会が社会経験の豊かな法律実務家の中から最も適切と考える人を裁判官に推薦しようとする制度であって、「市民による司法」実現の要をなすものとされている。また、陪審制は裁判の事実認定を市民から選出された陪審員の手に委ねるもの、参審制は市民が職業裁判官とともに審理を進めるものであって、ともに、「市民による司法」の一形態であり、これによって文字どおり市民が参加した裁判を実現できると説かれている（日弁連「司法改革実現に向けての基本的提言」一九九九年一一月一九日）。

英米においては、基本的に法曹一元制度が採用されており、法曹資格を有する者のうち、裁判官以外で法律に関する職務に従事した者の中から裁判官を任命する制度が採用され、しかも、併せて陪審制度が採用されている。

司法制度改革審議会（後で触れる）においては法曹一元制度について議論がなされたが、最終意見書では法曹一元は採用されず、裁判官の人的基盤については「判事補に裁判官の職務以外の多様な法律専門家としての経験を積ませる事を制度的に担保する仕組みの整備」をはじめとする判事補制度の改革、「弁護士任官の推進など給源の多様化・多元化のための方策」、「国民の意思を反映しうる機関が裁判官の指名過程に関与する制度の整備」が提言されるにとどまり、基本的にキャリアシステムの存続が決定されている。

陪審・参審については、審議会では後述する「裁判員」制度が採用された。

司法制度改革審議会意見書と刑事司法改革

一九九九年七月に発足した司法制度改革審議会は、二〇〇一年六月に最終意見書を政府に対して答申した。二一世紀の司法を展望する根本的な構想が示されたと言える。

しかし、「刑事司法制度の改革」に関するかぎり、この意見書では何よりも死刑・再審無罪確定四事件をはじめとする冤罪を生み出した戦後の刑事司法システムの諸問題が根本的には総括されず、冤罪防止の観点からの考察は皆無に等しいために、甚だ憂慮すべき提案がなされているという考えざるを得ない。

すなわち、まず意見書は、①「真に争いのある事件」については集中審理の導入、②法定刑の重い「重大事件」を対象とした裁判員制度の導入、③被疑者・被告人段階を通じて一貫した公的刑事弁護制度の導入を提言している。

しかし、そこで一貫しているのは、意見書が、刑事裁判の課題として迅速な処罰の第一義的重要性を強調しつつ、被疑者・被告人の権利を守るための刑訴法上の適正手続条項遵守に対してはむしろ強い拒絶反応を示していることである。刑事裁判の迅速化の課題を真っ先に強調した上で、それとの関連で新たな事前準備手続の創設、証拠開示のルール化、連日開廷の確保、公判の活性化、迅速処理のための弁護体制の整備、訴訟指揮の強力化などの施策を打ち出しているのに過ぎない。

しかし「迅速」と「適正」とは車の両輪の筈であり、「迅速」は裁判が適切になされることを前提として初めて意味を持つことが銘記されなければならない。また、被疑者・被告人が適切な弁護を受けられるようにするための公的弁護人制度の整備についても触れてはいる。しかし、弁護人については、弁護活動の自主性、独立性を一応はうたいながらも、弁護活動の質についての弁護士会の責務を強調することによって、弁護士に自主規制路線を強いているのが特徴的である。すなわち、公的弁護人制度については、「弁護活動の適正確保」が制度導入の条件であるとして、「適正弁護のガイドラインの制定と逸脱行為に対する是正措置の整備」を行うべきものとし、その運営主体として弁護士会の責務を強調しているのである。

しかも、日弁連がかねてより主張してきた身柄拘束システムの改善(「代用監獄」の廃止など)や、取調べの弁護人立会い権、取調べの録音・録画などによる可視化については、「現段階でそのような方策の導入の是非について結論を得るのは困難であり、将来的な検討課題である」と棚上げしてしまっている。

こうして意見書の立場は、刑事司法の改革提言に関する限り、「二一世紀規制緩和司法体制」の枠内での「迅速・果断」「迅速かつ強権的な司法」の確立を述べるのみで、一般市民が求めている「冤罪を生まない司法の構築」はいっさい構想されてはいない。

「非常勤裁判官制度」から弁護士任官へ

裁判官の給源問題として、現在、説かれているのは、弁護士任官の推進と「非常勤裁判官」である。弁護士任官は、すでに一〇年間にわたって日弁連が取り組んできた課題であるが、現実には必ずしも数多くの任官者を生むに至ってはいない。

「非常勤裁判官制度」とは、弁護士がその身分を有したまま、弁護士としての活動を続けながらパートタイマーとして裁判官の職務を行うという、我が国では初めての制度であるが、弁護士任官の推進と調停手続の充実・活性化のために提唱されている。

二〇〇二年八月、日弁連と最高裁は、この「非常勤裁判官制度」について基本的合意が成立した旨を発表した。すなわち、二〇〇三年度中に東京、大阪などで開始し、当初は全国で数十人の規模でスタートするが、数年内に一〇〇人以上に拡大することを目指し、非常勤裁判官は当面は民事と家事の調停を担当し、週一回、裁判所に丸一日勤務することになる。憲法に基づいて内閣が任命する本来の裁判官とは異なり、非常勤裁判官は、五年以上の経験を有する弁護士の中から日弁連が推薦し、最高裁が任命する手続をとるようである。弁護士が在野で培った実務経験と市民感覚を現実の裁判に生かすための方法として、また、将来的には弁護士任官者の増加への第一歩として、適切に機能することが期待されている。

ロースクール構想

「法科大学院構想」とは、全国の一定数の大学に法曹養成を目的とする法科大学院(ロースクール）を作り、法学既修者には二年間、法学未修者には三年間、この法科大学院で教育を受けさせ、その修了を条件に新司法試験の受験を認め、法科大学院の卒業者の七、八割がこの新司法試験に合格できるようにするというものである。審議会意見書は、現在の難しい司法試験が学生の大学離れと予備校の隆盛をもたらし、受験技術偏重、受験のための詰め込み学習を生んでいるとの認識に立ち、「大きな司法」をめざす弁護士制度の改革に留意しつつ、「司法試験という「点」のみによる選抜ではなく、法学教育、司法試験、司法修習を有機的に連携させた「プロセス」としての法曹養成制度を新たに整備すべきである」としている。そして、「その中核をなすものとして法曹養成に特化した教育を行うプロフェッショナル・スクールである法科大学院を設けるべきである」と述べている。目下のところでは、二〇〇四年四月開校を目指した努力がなされている。

この構想は、「大きな司法」に伴う必然的な法曹人口の増加、大量の法曹養成制度として唱道されている。問題は、この構想により、法曹本来の使命、すなわち広範な市民の問題について独立して自ら判断できる気概と技術とを持つ法曹を大量に養成できるかどうかに集約される。

たしかに、現行制度に意見書が指摘するような問題点があるとしても、ロースクール構想については、人を裁く法曹にはどのような人間像が期待されるのか、そのための人材の供給源はどのような社会層でなければならないかに関する議論が欠けている。また、現行制度は一定の教養試験に合格すれば受験資格を得られるなど法曹になるための門戸が広く開かれているが、ロースクールは授業料が高いので入学できるのは裕福な家庭の子弟に限られるのではないか、あるいは、大学改革構想と法曹人口増加とがセットになって法科大学院構想が具体化された経過から見て、所詮は産業界の要請に応える高度専門職業人としての法曹を大量に安上がりに養成するための構想に過ぎないのではないか、などの批判的な意見もある。

今後の法曹人口増加政策に対応した法曹養成制度として、どのようにすれば「質」の良い人材を大量に育成することができるのかは、重要な課題となり続けるであろう。

裁判員制度

審議会で討論されたのは、陪審・参審制度など、市民が裁判に直接的に参加する形態における刑事手続の改革の方向である。この点については、審議会は「裁判員制度」を採用し、目下、その具体的な内容について論議されている。

従来、調停委員くらいしか裁判に対する市民参加の形態が存在しなかった我が国において、「広く一般国民が、裁判官と共に責任を分担しつつ協働し、裁判内容の決定に主体的、実質的に関与することが出来る新しい制度を導入すべきである」(意見書)とされてこの制度が実現すれば、一九二八年から一九四三年まで行われた陪審制度以来、実に半世紀ぶりに我が国にも国民の司法参加手続が導入されることになる。

しかし、裁判員制度が現実にどのようなものとして制度化され、その結果、どのような機能を営むことになるのかについては、いまだ未知数の点が多い。すなわち、裁判官と裁判員との比率、裁判員に専門的知識を要する量刑にまで関与させることが重罰化司法につながるのではないかとの問題、重大事犯に限定していること、裁判員の関与を望まない被告人もそれを拒否することはできないこと、これらの結果、裁判員制度は、重大事犯に関する訴追側の立場からの審理促進のために利用される可能性があるのではないか、その結果、もともと冤罪が起こりやすい重大事犯について、なおいっそう、冤罪を誘発する原因となるのではないか、などの懸念が寄せられている。

以上、法曹人口の大幅増員、弁護士偏在の改革、弁護士へのアクセスの強化など、一見、市民のニーズに応えるかに見える提言も、それぞれの実施過程では、今後、さまざまの隘路に逢着せざるを得ないと思われる。意見書が提起した課題が、トータルな意味で「市民に開かれた司法」「国民のための司法」としてどのように開花・結実していくのか、今後の成り行きに注目しなければならない。

6　職業裁判官に対する十戒——ささやかなる提言

誤判を犯さないために

しかし、我が国の現状が、司法制度改革審議会の議論にも現れていたように、法曹一元、陪審・参審が理想的に制度化されるような状況にあるかといえば、そうではない。

もちろん当面、私たちは、我が国の検察官や裁判官に対する改善を期待するしかない。とりわけ、裁判官が検察官の起訴や立証活動を「合理的な疑いを超える程度の証明」原則にのっとってきちんとチェックできるような機能、すなわち、裁判所の検察官に対する「ハードル」を飛躍的に高くするための制度的・意識的枠組みを強化することである。

この点に関しては従前から、きわめて素朴な次元ではあるが、事件を担当する個々の裁判官の裁判に取り組む際の主体的・法意識的要因、言い換えれば裁判官がどのような「心構え」で裁判に臨むべきかは、決定的に重要であるとの裁判官経験者による指摘がある。

例えば、故青木英五郎元判事は、「誤判の原因をつきつめてゆきますと、最後にはどうしても、裁判官の「法意識」の問題にぶつかってしまうように考えるのであります」と強調されている(『裁判官の法意識』著作集Ⅰ、一九八六年)。青木氏以外にも、石松竹雄、渡部保夫、下村幸雄、守屋克彦、木谷明氏らは、いずれも多年にわたる優れたキャリア裁判官としての実務経験に立脚し、それぞれのすでに紹介した著作の中で、事実認定を行う際の裁判官の姿勢について含蓄の深い提言をされている。

ここで、私自身の裁判官としての、また弁護士としての経験の総まとめの意味をこめて、裁判官が誤判を犯さないために、すなわち渡部保夫氏の言う「探索的な態度で無罪の発見に努める」ためには、どのような点に留意すべきなのか、彼ら先輩裁判官の提言を参考にしながら、「裁判官が誤判に陥らないための一〇個の実践則(職業裁判官に対する十戒)」を掲げる。

①「壇の高さ」を自覚する

本書第二章でも述べたように、裁判官在官中に、自らが座っている「壇の高さ」に気付くことは、常人にとっては甚だ困難である。私がよい例だが、退官後、一弁護人として、被告人と目線の高さを同じくする弁護人席に座ってみて初めて、改めて法壇の高さに圧迫感を覚えると共に、被告人と裁判官との間に存在する目には見えない距離を痛感させられることになる。

日本の刑事法廷に登場する被告人は、有罪判決を言い渡される者がほとんどであるから、裁判官も、いつの間にか「起訴イコール有罪」の図式に慣れてしまい、知らず知らず被告人に対して予断を抱いてしまうことがある。また、一見、広角度で見えているようでも、実際には、裁判官の視界は意外と狭いものであり、その視界から隠されて見えない事実が数多くある。まず、被告人に有利な事実が供述調書などの捜査関係資料にはほとんど記載されないし、被告人に有利な証拠があっても開示されないことも多い。

団藤重光元最高裁判事の『死刑廃止論(第六版)』(有斐閣、二〇〇〇年)は、松川事件の「諏訪メモ」(六一ページ参照)に代表される証拠開示問題の深刻さに触れた後、「逆に言いますと、検察官の手元に被告人側に利益な証拠が眠ったまま、あるいは押さえられたままでいたら、どういうことになったでしょうか。誤判の危険は至るところに潜んでいるのです。恐ろしいことです」と強調されている。この「裁判官の目から隠されている事実」を、きちんと法廷に持ち出せる弁護人がいる法廷では、あるいは誤判・冤罪を防止することができるかもしれないが、そうでなければ必ず誤判・冤罪が生まれる。裁判官は、もともと被告人や弁護人の声がなかなか裁判官には届かないシステムになっているのだ、との現実を自覚した上で、日々の法廷に従事して欲しいものである。

②「疑わしきは被告人の利益に」を実践する

再審によって救済された冤罪事件を見ると、それぞれの事件について、確定判決に関わった裁判官が「疑わしきは被告人の利益に」の鉄則を素朴に実践してさえいたならば、誤判を犯さずに済むと共に、被告人として起訴された者やその家族が、これほどまでに悲惨な人生を強いられることはなかったのにと、つくづく痛感させられるケースが多い。担当裁判官が「疑わしきは検察官の利益に」ではなく、単に「疑わしきは被告人の利益に」を実践するだけで、冤罪の多くが消滅する筈である。

③秩序維持的感覚を事実認定の中に持ち込まない

我が国の裁判官は、事実認定を行うと同時に量刑行動をも担当する。そのために事実認定の過程に、つい秩序維持的感覚を持ち込んでしまう危険性が常にある。秩序維持的感覚は「必罰思想」に結び付きやすく、それが冷静な分析的・客観的判断を要請される事実認定の世界に微妙に影響するのである。とりわけ、もし有罪ならば極刑が相当するような重大案件の場合、また、被告人に前科・前歴があったり、「社会的危険性」の強い「好ましからざる団体」に所属している場合、秩序維持的感覚に基づく「使命感」から、事実認定を安易に有罪方向へ割り切ることがないとは言えない。また我が国のマスコミ世論も、このような割り切り方を事実上容認しがちである。「死刑事件のような重大事件については、裁判官は慎重に臨むから誤判はあり得ない」などの論をなす者がいるが、これが全く逆であることは誤判の歴史が証明している。

④「人間知」「世間知」の不足を自覚する

キャリア裁判官は、一般市民に比して書物による知識は多くても、実社会における生活経験が豊富であるわけではない。日本の裁判官は、事実上、一般市民から隔絶され、保護された生活を送っており、その分だけ「世間に揉まれてはいない」のである。

陪審制度を採用していない国では、職業裁判官の官僚的偏見が事実認定を歪曲させる危険性について、特に注意されなければならない。洋の東西を問わず、職業裁判官の思い上がりが誤判・冤罪を生んだ実例は数え切れない。長い刑事裁判官の経験を有する渡部氏が、「裁判官の人間知、世間知の不足」を強調しておられる事実を銘記すべきである。

⑤供述証拠を安易に信用せず、その誤謬可能性を洞察する

裁判官は事件の直接の目撃者ではない。事件の証拠資料を見たり、関係者の証言を聞いたりすることを通じて、事件について間接的に推理したり、推認したりしているだけである。ところが、捜査の過程で無罪証拠が隠され、自白に適合する証拠のみが拾い上げられて、有罪の証拠に仕立て上げられることがある。自白は、往々にして証拠のありように合わせて修正され、造られている。であるから、裁判官は、物証を基本的に重視しつつ、証拠の存在形態を「無罪の発見こそが刑事裁判官の責務である」との態度で洞察し、その誤謬可能性を見出そうとする姿勢で臨まなければ妥当な認定に到達できない。

自白であれ第三者の供述であれ、特に供述証拠は捜査機関によって「造られる」可能性が強く、安易に信用してはならない。供述調書は、所詮、捜査官と被疑者だけしかいない「ブラックボックス」の中での捜査官作成の「作文」に過ぎない。「作文」の中身を全面的に検討することの他に、特に供述の変化に注目し、供述形成の歴史と他の証拠の収集状況との時間的相関関係を重視して、その信用性を厳しく検討することが最低限度必要である。

また、証人として公判廷で証言する者も、その前日か数日前には、供述調書に書いてあるとおりに証言するように、検察官によって厳重なテストを受けた上で証言させられている現実を忘れてはならない。参考人が、身柄を拘束された上で検察官によって事情聴取され、不本意ながら被告人に不利な虚偽の内容の供述調書を作成された上、「調書のとおりに言わないと偽証罪で懲役十年になるぞ」と脅かされ、そのために、第一、二審公判で証人尋問を受けた際にも、なおかつ、これを撤回できないような場合が実際にある。被告人が公判廷でも虚偽の自白を維持し続ける場合と全く同じである。そのような心理状態にあった証人の事例として、徳島ラジオ商殺し事件における二人の住み込み店員(しかも、当時は二人とも少年)のケースがあった。

また、自らも訴追されている共犯者証言については、彼らが自己の利益を図るために検察官に迎合し、しばしば、「巻き込み証言」「引き込み証言」をし、それが重大な冤罪をもたらした例として、前にも触れた八海事件がある。

⑥公判における被告人の弁解を軽視しない

捜査段階での厳しい取調べに耐え切れず、目前の苦しさから逃れるために、被疑者が、「裁判官の前では真実を述べられるし、裁判官は必ず聴いてくれる筈だ」という心情に駆られて、つい嘘の自白調書に署名指印してしまう事例がしばしばある。捜査段階の自白調書が作成されてはいるけれども、公判で否認する被告人に出会ったときこそ、公判審理担当の裁判官の資質と真の力量が試される局面である。

しかし、我が国のキャリア裁判官には、弁護人の立場で、拘禁されている被疑者・被告人と遮蔽板越しに面会をした経験を持つ者は少ない上に、「自分自身がいつ法廷で裁かれる立場になるかもしれない」という現実的な認識を抱きつつ審理に臨んでいるわけではない。この点が一般市民で構成される陪審法廷との違いである。陪審法廷では、判事は陪審員に対し、「皆さんが自分自身が裁いてほしいと思うような方法で裁いて下さい」と説示することになっている。すなわち、裁く側も裁かれる側も、同じ市民として同一の立場にあるのだ、ということが前提されているのである。

日本のキャリア裁判官は、必ず一度は、「どうして、被告人がそのような否認をするのか。自分が被告人だったらどうするのだろうか」と、自分自身を被告人の立場・境遇に置いてみて、被告人の言い分の合理性について、自問自答しつつ検討してみるべきである。

⑦鑑定を頭から信じこまない

法律家は、文科系学部出身者がほとんどであり、もともと自然科学に関する専門的思考訓練に欠けている。したがって、自然科学的専門事項については、常に鑑定に依存するしかないわけである。しかし、重大事犯において、鑑定に誤りがあったために誤判を犯した事例は少なくない。特に鑑定書の価値が鑑定人の権威に無条件に依存するような場合がままあり、権威ある大学の著名教授の鑑定だから信頼できるとの裁判官の判断が、結果的に誤判の重要な原因となったことがしばしばある。裁判官は、自然科学的思考の訓練にもできるだけ努めるべきであるが、それができなければ常に謙虚に、かつ合理的に証拠を判断するように努めるべきである。

⑧審理と合議を充実する

我が国の裁判官は概して多忙である。しかし、いかに忙しくとも、否認事件については特に審理を充実させ、いたずらに「迅速な審理」を急いではならない。被告人・弁護人が、あえて争うには争うなりの理由と原因がある。第一、二審で審理を急いでみても、その結果、冤罪を叫ばれ、再審事件という形で何十年もの審理を強いることになって、結局は司法に対して巨大な負担をかけることを考えれば、このことは容易に理解され得る筈である。

再審が請求されている事件の中には、確定原一審判決を一読しただけでも、判決裁判官の思考が十分には練り上げられないまま、あるいは、重要な論点について合議が対立したまま、判決が書かれたのではないか、としか考えられない判決文に出くわすことがある。有罪証拠ばかりを「つまみ食い」的に拾い上げて、それをそのまま信用するようなことは絶対にあってはならない。有罪証拠と対立する無罪証拠の検討を丹念に実行するならば、合議の過程で起訴が疑問であると正しい結論に到達できたのではないかと思われる事件もある。法律家には「多くの事件のうちの一件」であっても、被告人にとっては人生の重大な分岐点なのである。

⑨有罪の認定理由は被告人が納得するように丁寧に書く

第一審判決の中には、被告人・弁護人が自白の任意性・信用性をはじめとして、犯罪が成立しているかどうかを必死で争っているのに、有罪判決理由としては単に証拠が羅列されているだけで、争点に関する明確な説示を欠く判決がある。否認事件について有罪判決を下すのであれば、判決理由中で有罪と認定するに至った心証形成過程を丹念に説明すべきである。それが常に実行されれば、裁判所が慎重に判断するための歯止めともなり、またその説明が正しいと感じられれば被告人も納得するし、無駄な上訴も防げる。立法論的には、否認事件の有罪判決には、常に有罪認定の詳細な説示を義務付けるべきである。

⑩常に、「庶民の目」を持ち続ける

過去の著名な誤判・冤罪事件を見ても、裁判官がことさらに難しい事柄が理解できなかったために誤判に至ったというようなケースは意外と少ないものである。

例えば、徳島ラジオ商殺し事件のところでも述べたが、被告人冨士茂子さんは、夫と格闘して一一カ所の傷を負わせてこれを刺殺した旨認定され、懲役一三年に処せられた。しかし自らの顔、手、身体の正面部に格別の格闘傷らしい傷を負ってはいなかった。これは関係証拠の上からも明白な事実であった。喧嘩の相手方が身に一一カ所の刺し傷や切り傷を負った上、出血多量で死亡したというのに、殺傷したとされる当の茂子さんが、まったく無傷で済む道理がないのである。もし公判担当の裁判官が、この素朴な事実の意味するところについて、ほんの少しでも慎重に検討・考慮することをしたならば、茂子さんに有罪判決が下されることはなかったと私は考えている。

事実認定においては、当り前の普通の市民の一般常識(それは、法的には「経験則」と名付けられている)が、終始、支配しなければならない。市民常識にのっとり、全証拠を虚心に評価することこそが事実認定の根本である。裁判官は、閉鎖的な官僚機構の中で、しかも厳しい勤務評定・昇進システムの下での制約の多い生活の中にあっても、「素朴な庶民の目」を常に持ち続けるように努めなければならない。その不断の努力をしながら、誤判を怖れる謙虚な心情を維持しようとする裁判官のみが、真に国民から信頼されるのである。

以上の「十戒」は裁判官にとっての心構えを表すものだが、同時にこれが現実に実践できるように制度を整えることが強く望まれる。そのためには現在の「司法制度改革」に対しても、「裁判官が誤らないためにはどうしたらよいのか」という、裁判を受ける一般市民の角度からの厳しい視線が必要となってくるのである。

おわりに

編集部からテーマを頂いたものの、遅々として進まなかったのは、この「大それたテーマ」でものを書く経験と資格とが自分にあるのかどうか自問自答していたためである。

しかし、ここ一、二年に身の回りに生じたいくつかの事態は、いかに非力ではあっても、私に本書を書くための動機付けを与え、それなりの決意を迫ることになった。

二〇〇一年六月、司法制度改革審議会は政府に対し最終意見書を答申した。そこには、たしかに二一世紀の我が国司法への展望と抱負が書かれてはいたものの、刑事司法における冤罪の原因とそれに対する対策については、何ら格段の指摘がなされることはなかった。私は従前から、およそ「司法改革」という限りは、死刑・再審無罪四事件をはじめとする数々の冤罪を生んだ刑事司法の抜本的構造改革が「改革」の柱にならなければならないと感じ、それなりの発言もしてきた。

しかし、現在のような状況下で、もし意見書が指摘するような迅速審理のみが強行された場合、構造的な冤罪がさらに大規模に発生する危険性が強いもののように危惧された。

また私は、ここ一、二年くらいの間に、もし担当裁判官が「疑わしきは被告人の利益に」の鉄則に従うならば絶対に無罪判決しかあり得ないと期待し予測していた事件について、裁判所が無造作に弁護人の意見を排斥し、有罪方向に割り切る判決に接することが重なった。偽証の徴表を顕著に示している証人の不自然な証言を、いとも簡単に被告人に不利に解釈して有罪を言い渡す裁判所の大胆さには、驚愕し、恐怖感をすら覚えた。

しかし、起訴された公訴事実を「やったか、やっていないか」は、当の被告人自身が一番よく知っている。ひたすら裁判所を信じ、真摯に自己の無罪を主張してきた被告人が、記録の検討すら杜撰なことが随所に窺われる判決文の中で、「被告人の主張は措信し難い」の一言で切り捨てられても、「やっていない確信」がある以上、そのような裁判に納得する筈がない。

とりわけ、最近、私の心を痛めているのは、痴漢冤罪によって起訴された人たちの奥さん方の状況である。

ヘンリー・フォンダ主演『間違えられた男(The Wrong Man)』(一九五六年)というアメリカ映画がある。その映画は、ある楽団員が銀行強盗に間違えられて裁判にかけられたが、最後には真犯人が見つかって無罪放免となるという単純なストーリーであるが、この過程で特に描かれているのは、その間に被告人に寄り添い、共に裁判を闘っていた被告人の妻が、精神に異状を来たして施設に収容され、無実が明らかになってからも、二年間以上も施設で暮らすことになったという筋立てである。この妻の場合、夫が銀行に融資を申し込みに行ったきっかけが、自分の歯の治療費の工面のためであり、そのために夫が、先日の銀行強盗に顔が似ているとして受付嬢から犯人に間違えられたという経緯を、自らのせいだとして深く悩み、そして傷つき、後悔と心配の日常不断の継続が、遂に彼女の精神のある部分を冒してしまったのである。

痴漢冤罪に巻き込まれた被告人の妻たちの中には、この映画の妻と同じように悩み、精神的に不安定を来たしている人がすでに出てきている。これは、冤罪が当の本人だけでなく家族をも巻き込み、その日常生活全体を破壊しつつある状況を具体的に示すものである。彼女らは、これまで単純に日本の司法を信頼してきた善良なる市民である。それが一転して司法の現実の姿に絶望するが、「裁判が間違う」という事実は一般市民が簡単には受容できる事実ではない。夫の無実の確信と裁判所に対する絶望。この二つが彼女らの中で行き場のない怒りと不安を交錯させながら、遂には内面のバランスを崩壊させることがあるのである。

我が国の刑事裁判はたしかに異常な状況にあり、このような状況はもはや放置できない段階にあるように思われる。「残念ながら現在の司法制度は、キャリア裁判官制度となっているわけです。裁判所は、どっちかといえば、検事が言ったことを正しいと判断してしまうような傾向があるのです」(亀井静香『死刑廃止論』花伝社、二〇〇二年)と、警察官僚出身の政治家によって、死刑廃止論を展開する大きな理由の一つに数え上げられているのが「我が国司法の貧困」の現実なのである。

冤罪の防止は、手続、主体ともに広く市民に開放する方向で考えられるべきである。その中で司法に関わる職業人(検察官、裁判官、弁護士など)の活動は、市民が理解しやすく、また活発に批判しやすいものとなるべきだし、ひいては、陪審制度の導入のように事実認定機能それ自体を市民自身が担えるような成熟した市民社会の実現に向けて展望されなければならない。

その意味では、真の「司法改革」とは、今まさに始まったばかりと言うしかない。

私たちは当面、職業裁判官に対して第六章で指摘したような「注意則」を具体的な裁判で実践するよう要望しつつ、司法改革の展望を掲げたい。なぜなら、裁判官の事実認定が、「疑わしきは被告人の利益に」という原則を日常的に実践することによって市民の生活実感と無理なく符合することを通じてしか、司法の権威と信頼が確立されるみちはないからである。

本年(二〇〇二年)八月六日、スイスのジュネーブで開かれた国連・人権小委員会におけるランチタイム・ブリーフィングでの討論で、日本の裁判官の人権意識・憲法意識などが問題となったことがある。その際、国連「人権と教育小委員会」専門委員・副議長の横田洋三氏(中央大学教授)は、次のように述べられ、私にはその言葉が強く印象に残っている。

「日本の裁判官がエリート中のエリートであることはよく知られている。しかし、頭のいいエリートが人権意識において優れているかと言えば決してそうではない。むしろ逆である。エリートである旨自覚すること自体が他人に対する差別であり、その者の人権意識の後退を示しているからである。要するに、人権意識とは、「弱い人をいたわる心」が持てるかどうかなのである。世界に冠たるエリート中のエリートたる日本の裁判官は、そのことだけでは、冤罪防止について何らの積極的な力をも示すことはできないことは明らかである」

「世界に冠たるエリート」の日本の裁判官たちは、この言葉をどのように受け止めるべきなのか。

裁判官たちが、もし真の社会的エリートを自負するのであれば、本来、裁判所が民衆から期待されている機能(すなわち「司法的チェック機能」)に徹すべきである。裁判官の基本的使命は、要するに「人民の護民官」として人権擁護機能の歯車に徹することにほかならず、それによって初めて、広範な民衆の側から「名誉ある裁判官」と認められることになる。
そうではなく、検察官のした誤った起訴を適切にチェックすることもせず、すでに見たいくつかの判決のように、無理矢理、矛盾に満ちた「有罪判決」にいつまでもひたすら固執しているようでは、遂には当該被告人たちから侮られることはもちろん、我が国司法は早晩、広範な国民一般からも見放されてしまうに相違ない。

本書出版に際しては、岩波書店新書編集部の山田まりさん、早坂ノゾミさんに数々の有益な示唆を頂いた。どうにか脱稿できたのはひとえに両氏のおかげである。深く感謝したい。
また、いつも側にいて、全ての書き物を最初に読んでくれている妻留美子に本書を捧げる。

二〇〇二年八月三〇日

秋山賢三

本&文具
くまざわ書店

ハリー・ポッター第４巻
10月23日発売！好評予約受付中！
取手店　TEL 0297−77−1125
毎度ありがとうございます

**

担当：11　レジNo.02−33795
02/10/22（Tue）11:59

裁判官はなぜ	¥700 S
売上点数	1点
小計	¥700
（内税	¥0）
外税	¥35
合計	¥735
預り金額	
現金	¥1,000
おつり	¥265

秋山賢三

1940年香川県に生まれる
1965年東京大学法学部卒業
1967年判事補に任官，以後，1991年の依願退官まで各地で判事として勤務
1991年弁護士登録（東京弁護士会）
現在一日本弁護士連合会人権擁護委員
袴田事件等再審弁護団，全国痴漢冤罪合同弁護団団長，長崎事件弁護団団長などをつとめる
著書一『民衆司法と刑事法学』(編著，現代人文社，1999)

裁判官はなぜ誤るのか　岩波新書（新赤版）809

2002年10月18日　第1刷発行

著　者　秋山賢三《あきやまけんぞう》

発行者　大塚信一

発行所　株式会社 岩波書店
〒101-8002 東京都千代田区一ツ橋 2-5-5
電　話　案内 03-5210-4000　販売部 03-5210-4111
新書編集部 03-5210-4054
http://www.iwanami.co.jp/

印刷・理想社　カバー・半七印刷　製本・中永製本

ISBN4-00-430809-7　Printed in Japan

岩波新書創刊五十年、新版の発足に際して

岩波新書は、一九三八年一一月に創刊された。その前年、日本軍部は日中戦争の全面化を強行し、国際社会の指弾を招いた。しかし、アジアに覇を求めた日本は、言論思想の統制をきびしくし、世界大戦への道を歩み始めていた。出版を通して学術と社会に貢献・尽力することを終始希いつづけた岩波書店創業者は、この時流に抗して、岩波新書を創刊した。

創刊の辞は、道義の精神に則らない日本の行動を深憂し、権勢に媚び偏狭に傾く風潮と他を排撃する驕慢な思想を戒め、批判的精神と良心的行動に拠る文化日本の躍進を求めての出発であると謳っている。このような創刊の意は、戦時下においても時勢に迎合しない豊かな文化的教養の書を刊行し続けることによって、多数の読者に迎えられた。戦争は惨憺たる内外の犠牲を伴って終わり、戦時下に一時休刊の止むなきにいたった岩波新書も、一九四九年、装を赤版から青版に転じて、刊行を開始した。新しい社会を形成する気運の中で、自立的精神の糧を提供することを願っての再出発であった。赤版は一〇一点、青版は一千点の刊行を数えた。

一九七七年、岩波新書は、青版から黄版へ再び装を改めた。右の成果の上に、より一層の課題をこの叢書に課し、閉塞を排し、時代の精神を拓こうとする人々の要請に応えたいとする新たな意欲によるものであった。即ち、時代の様相は戦争直後とは全く一変し、国際的にも国内的にも大きな発展を遂げながらも、同時に混迷の度を深めて転換の時代を迎えたことを伝え、科学技術の発展と価値観の多元化は文明の意味が根本的に問い直される状況にあることを示していた。

その根源的な問は、今日に及んで、いっそう深刻である。圧倒的な人々の希いと真摯な努力にもかかわらず、地球社会は核時代の恐怖から解放されず、各地に戦火は止まず、飢えと貧窮は放置され、差別は克服されず人権侵害はつづけられている。科学技術の発展は新しい大きな可能性を生み、一方では、人間の良心の動揺につながろうとする側面を持っている。溢れる情報によって、かえって人々の現実認識は混乱に陥り、ユートピアを喪いはじめている。わが国にあっては、いまなおアジア民衆の信を得ないばかりか、近年にいたって再び独善偏狭に傾く惧れのあることを否定できない。

豊かにして勁い人間性に基づく文化の創出こそは、岩波新書が、その歩んできた同時代の現実にあって一貫して希い、目標としてきたところである。今日、その希いは最も切実である。岩波新書が創刊五十年・刊行点数一千五百点という画期を迎えて、三たび装を改めたのは、この切実な希いと、新世紀につながる時代に対応したいとするわれわれの自覚とによるものである。未来をになう若い世代の人々、現代社会に生きる男性・女性の読者、また創刊五十年の歴史を共に歩んできた経験豊かな年齢層の人々に、この叢書が一層の広がりをもって迎えられることを願って、初心に復し、飛躍を求めたいと思う。読者の皆様の御支持をねがってやまない。

（一九八八年一月）

政治

法律